観光コースでないウィーン

美しい都のもう一つの顔

ANOTHER WIEN

松岡由季
Matsuoka Yuki

高文研

◇══もくじ

Ⅱ　永世中立国・オーストリアの再生

III　オーストリアに見る「過去の克服」

Ⅳ ウィーンのオペラとカフェ

装丁　商業デザインセンター・松田礼一

⑰エルサレムの階段　⑱ウィーン水族館　⑲フロイト博物館　⑳シナゴーグ　㉑ユダヤ博物館　㉒シュヴァルツェンベルク広場　㉓アウガルテン庭園　㉔カールマルクスホーフと２月12日広場　㉕国連センタービル　㉖元アスパング駅　㉗軍事博物館　㉘パゴタ

◇——はじめに

ウィーンやザルツブルクへの旅行、音楽やドイツ語を学びに来る学生なども含め、日本からオーストリアを訪れる人は増えています。ハプスブルク帝国時代の華やかな宮廷文化、モーツァルトに代表される音楽の都、アルプスの美しい自然など、オーストリアの魅力はつきません。

しかし、おきまりの観光ガイドを一歩離れると、そうした華やかさの下にある「閉ざされた時代」のオーストリアの苦難と屈折したオーストリア人の思いを知ることになります。辻馬車が客を待っているホーフブルク王宮前の英雄広場では、かつて熱狂した人々が集まりアドルフ・ヒトラーの演説を聞いたという事実、ウィーン国立歌劇場の裏のアルベルティーナ広場では終戦直前の爆撃で多くの人が命を失った事実、また這いつくばって路面をタワシで清掃するユダヤ人のモニュメントは、一般に知られていないオーストリアの一面を物語っています。

そうした事実を含め、オーストリアがたどってきたこの一世紀を振り返ることは、私たち日本人にとっても無駄ではありません。それは、ナチス・ドイツに併合され、ホロコースト（ユダヤ人の大虐殺）に加わったオーストリア、敗戦国として占領されたオーストリア、「過去の克服」が遅れたオーストリア、戦後とりもどした新しいアイデンティティーの中で生きるオーストリアがたどった道、そして現在につながる課題、問題が、日本と酷似しているからです。オーストリアの歴史は、戦争責任と隣国との信頼関係の問題に悩む日本が、アジアの中の日本・世界の中の日本を客観的に考える一つの材料になるのではないか、と思います。

一方、オーストリアが、文化遺産や自然の保全に多大な努力をそそいでいることに対しては尊敬の念を抱かずにはおれません。オーストリアが守ろうとしているのはまぎれもなく人類共通の財産であり、普遍的な価値を持つからです。オペラ、コンサート、伝統的なカフェ、古い街並み、美しい景観は、オーストリアの誇る財産であり、世界の多くの人々がウィーン・オーストリアを愛する理由もここにあります。日本が戦後の高度成長で忘れてしまった大切なものを、オーストリアは忘れることなく、また自分たちの生き残りのためにも維持してきたといえるでしょう。

この本は、私が二〇〇一年三月から二年間留学したオーストリアの欧州平和大学での修士論文「歴史の記憶と国家のアイデンティティ――オーストリアと日本」をもとに、改めてウィーン市街に残る「歴史の現場」を訪ね、調べて書いたものです。

人口八〇〇万人、国土面積は日本の北海道ほどの小さな国、オーストリア。でもそこには、私たちが考えるべきことがたくさんあります。

ではさっそく、歴史の旅に出かけることにしましょう。

I

オーストロ・ファシズムの時代

英雄広場に面して建つホーフブルク新王宮。1938年３月15日、ヒトラーはこのバルコニーに立って、熱狂するオーストリア人たちに向かい演説した。

※ハプスブルク帝国の崩壊

一九一八年一一月、第一次世界大戦で敗北するまで、ウィーンはハプスブルク帝国の首都でした。中世以来、ハプスブルク家が支配するハプスブルク帝国は、当時はオーストリア・ハンガリー二重帝国といい、現在のオーストリア、ハンガリー、チェコ、スロバキア、イタリア北部、クロアチア、スロバニア、ボスニア・ヘルツェゴビナ、セルビア北部、ポーランド南部、ルーマニアの西半分、ウクライナの南西部にまでまたがる、多民族からなる帝国でした。ウィーンのシェーンブルン宮殿に行くと、当時の王家の人々がどれほど優雅で贅沢な暮らしをしていたかがうかがえます。ハプスブルク王家は、ヨーロッパの王家の中でも、いわば名門中の名門でした。

しかし、一九一八年、ドイツ帝国と組んで、イギリス、フランス、ロシア、アメリカなどと戦った第一次世界大戦での敗戦とともに、このハプスブルク帝国の歴史は幕を閉じます。オーストリアは、ドイツ・オーストリア共和国という名前で新しく生まれ変わりました。

「ドイツ・オーストリア」と名付けたところに、帝国が解体させられた後のオーストリアの人びとの気持ちが読みとれます。当時の憲法にも、「ドイツ・オーストリア共和国は大ドイツ共和国の一部である」とありますが、国としてはドイツから独立していたものの、当時の多くの政治指導者たちは、オーストリアが大ドイツ共和国と合併することを望んでいました。というのも、広大な領土を失って小国となったオーストリアは、自国だけでやっていけるとは考えていなかったからです。工業地帯が集中していた地域は、チェコスロバキア（当時）として独立してしまいました。農業地帯もまた、ハンガリーとして独立してしまいました。このような状況の中で、オーストリアの人々がドイツと合併したいと願ったことは、不思議ではありませんでした。

※軍事史博物館――皇太子暗殺の銃弾の跡

ウィーン南駅から歩いて一〇分のところに、軍事史博物館があります。オレンジ色のレンガでできた巨大な建物群のうちの一つです。この物々しい建物はかつては武器庫であり、第二次世界大戦中にはナチスの詰め所として利用されていました。

この博物館では、古くは宗教戦争が転じて国際紛争と化した一七世紀の三〇年戦争の時代から、第二次世界大戦が終わるまでの、戦争と軍事についての展示を見ることができます。

第一次世界大戦の導火線となったのは、一九一四年六月二八日、ボスニアの首都サラエボを訪れたハプスブルク帝国の皇太子フランツ・フェルディナントがセルビアの若い民族主義者に至近距離からの銃撃で暗殺された事件でした。そのとき皇太子が実際に乗っていた車がここに展示されています。

皇太子が乗っていた黒塗りのオープンカーの右側面には、銃弾の跡も見えます。また、当時皇太

皇太子フランツ・フェルディナントが暗殺されていたときに乗っていた車

子が着用していた洋服もいっしょに展示されています。

ハプスブルク帝国時代の海軍の軍艦の模型も多く展示してあります。現在のオーストリアは内陸国で海には面していません。たくさんの軍艦の模型を見ると、かつてのハプスブルク帝国の広さがうかがえます。

近代のところでは、第一次世界大戦が終わってからオーストリアが独自のファシズム体制「オーストロ・ファシズム」へ入っていく過程、ナチスのプロパガンダとナチスへの抵抗、そしてナチスに占領されたオーストリアという形で展示が行われています。

※エスペラント博物館
——今も生きている〝平和の言葉〟

エスペラント博物館とエスペラント図書館が入っているホーフブルク旧王宮のミヒャエル門

インターネットが普及した現在では、英語が世界の共通語となりつつありますが、中立の共通語としてエスペラント語があります。ウィーンのホーフブルク旧王宮にはエスペラント博物館と、世界最大のエスペラント図書館があります。

エスペラント語は一九世紀の末に、ロシア帝国内（現在ではポーランド）に住むユダヤ人のザメンホフ博士（一八五九―一九一七）によって創り出されました。ザメンホフ博士の住む土地には、ロシア人、ポーランド人、ドイツ人、ユダヤ人が住んでいました。彼らの間にはいつも衝突があり、流血の事態もひんぱんに起こりました。さらに言葉の違いから、お互いにコミュニケーションをとることもほとんどありませんでした。若いザメンホフ博士の望みは、「みんなそれぞれの国籍はもっていてもいい。しかし、他の国籍の人と中立の言葉でコミュニケーションができないものか」というものでした。そこで、学習しやすいエスペラント語を開発しました。

エスペラント語の歴史は、第一次・第二次世界大戦の影響を強く受けました。第一次世界大戦の後、平和を願う人々の間でエスペラント語が広まりました。言葉の障害を取り除き、お互いの文化を理解することで憎しみあうことがなくなる、と考えたためです。以前、五千円札の肖像になっていた新渡戸稲造（一八六二―一九三三）は、第一次大戦後に結成された国際連盟の事務次長をつとめた人ですが、彼もエスペラント語を話したことで知られています。

オーストリアでもエスペラント熱は高く、一九二四年と二六年にウィーンでエスペラント国際会議が開かれました。ウィーンのエスペラント博物館と図書館も一九二七年に開館しました。しかし、ファシズムが台頭する中でエスペラント語は抑圧されていき、ヒトラーは、エスペラント語は「ユダヤ人の言葉である」として禁止しました。ウィーン・エスペラント博物館の共同設立者であるグルタフ・ウェーバーは逮捕され、強制収容所で亡くなりました。

第二次世界大戦後、エスペラント語をもう一度盛り上げようという機運が高まりました。世界各地にいくつもの小さなグループができ、ネットワークで結ばれました。現在も毎年、国際会議が行われています。一九八七年にワルシャワで開かれた会議の規模は最大で、一〇〇を超える国から六千人もの参加者が集まりました。会議は一週間続き、その間、参加者はエスペラント語を使って人々と交流をします。シアター、朗読会、討議、キャバレー、ダンス、市内観光、子どもたちによる子どものための会議など、さまざまの催しが行われます。

エスペラント博物館の受付をしていたオーストリア人の女性の話を聞いて、現在でもエスペラント語が活発に使われていること、エスペラント語が話せると世界との距離がぐっと近くなることを知りました。彼女は二歳のときから、エスペラント語とドイツ語で育てられたそうです。他国に旅行に行くときは、エスペラント協会の「パスポルタ・セルヴォ（旅行者サービス）」を利用して、エスペラント語を話す家族のところにお世話になったといいます。また、エスペラント語を習得するのがいかに簡単であるかも語ってくれました。二〇年前にハンガリーで国際会議があった時、日本人の若い女性と知り合いになったそうですが、彼女はエスペラント語を日本で二年間、週に一回習っていただけなのに、非常に流暢に話すことができたとのことです。英語は学校で六年間も習っていたにもかかわらず、ほとんど通じなかったということも付け加えていました。もちろん、本人のやる気の違いもあるでしょうが、文法的に例外がなく、学習しやすさを重点につくられたことが、習得の早さにつながっているのだと思われます。

エスペラント語を話す人の数は、実際には把握されていません。会費を払って、世界エスペラント協会の会員になっている人は約三万人ですが、彼女の話によると少なくとも三百万人の人が世界中でエスペラント語を多少なりとも話すことができるとのことです。

全長１キロにわたって続く市営住宅「カール・マルクス・ホーフ」

※カール・マルクス・ホーフ
——巨大な市営住宅

ウィーンにはたくさんのゲマインデ・ヴォーヌングと呼ばれる市営住宅があります。

その数はウィーン市の住宅の約三分の一を占め、灰色やエンジ色などの平坦な壁が特徴です。壁には市営住宅（Wohnhaus der Gemeinde Wien）という表示とともに、いつ建てられたかが書かれています。地下鉄四番線の最終駅ハイリゲン・シュタットを降りると、約一キロメートルにわたって連なる巨大な市営住宅があります。これが、カール・マルクス・ホーフと呼ばれている、ウィーンで代表的な市営住宅です。

市営住宅は、第一次世界大戦後の一九二三年から一九三四年まで、ウィーン市の政策によって数多く造られました。一八四〇年には四〇万人だったウィーンの人口は、第一次世界大戦末には、現在よりも多い二二〇万人にまでふくれ上がり、住宅難は重大問題となりました。さらに第一次世界大戦後のオーストリアはドイツと同様、インフレと失業率が毎年うなぎのぼりに増加していました。そこで、当時政権をとっていた社会民主党は、住宅建設税を導入してたくさんの市営住宅を造りました。一九二三年から約一〇年間の間に、約六万三千戸の市営住宅が造られたといいますから、その勢いはすごいものでした。これらの市営住宅は、非常に安い家賃で労働者たちに貸し出されてきました。新しさや場所にもよりますが、一九八〇年代においても、家賃は同じ広さの他のアパートに比べて二分の一から四分の一程度の値段だったといいます。

※二月一二日広場――左右両派の銃撃戦の戦場

市営住宅のカール・マルクス・ホーフに面しているのが「二月一二日広場」です。一九三四年の二月一二日、この場所でオーストリアがファシズムの道へと突き進む契機となった「二月闘争」が起きました。なぜそうなったかを知るには、少しさかのぼって第一次世界大戦後のオーストリアの状況を見る必要があります。

第一次世界大戦後、オーストリアはきびしい時代を迎えました。将来への絶望感、経済の低迷、失業率とインフレの急上昇がつづいて、社会の混乱も目に見えて悪化していきます。

２月闘争の記念プレート「1934年２月12日、自由と民主主義、そして共和国のためにファシズムと闘った人々を記念して」

こうしたなか、一九二〇年代の後半、社会民主党が政権を握っていた時代には、労働者の運動が盛んに展開されました。東方のロシアでは第一次世界大戦中の一九一七年に革命が起こり、最初の社会主義国・ソビエト連邦が誕生していました。

労働攻勢の激化に危機を感じた保守のキリスト教社会党は、準軍隊を作り、力で対抗しようとします。これに対して、社会民主党も準軍隊を作り、二つの勢力が正面から衝突することになりました。

キリスト教社会党の党首ドルフスは、一九二二年にイタリアの政権を取っていたファシスト党のムッソリーニとも手を組み、政権を取ります。そしてついに、一九三三年三月、ドルフスは議会を停止し、独裁体制をしくのです。その二カ月前の一月、ドイツではヒトラーが政権を取り、二月には自ら国会放火事件を引き起こしてそれを口実に共産党を非合法に追い込んでいました。

オーストリア国民の民主的な権利は、徐々に奪われていきました。マスコミには検閲が導入され、五月一日のメーデーを祝うことも禁止されました。社会民主党のつくった準軍隊と共産党は解散させられました。憲法裁判所も廃止され、死刑が再導入されました。そして一九三四年のはじめには、労働者の運動は全面的に禁止されたのです。

追いつめられた社会民主党の指導部は、二月一二日、党員、労働者に対し実力での抵抗を呼びかけます。オーストリアの多くの地域で、彼らは武器を取って立ち上がりました。

カール・マルクス・ホーフの市営住宅には、社会民主党の労働者たちが立てこもりました。ドルフス側の軍隊は向かいの線路に布陣して、銃撃戦がはじまりました。これが、二月闘争です。しかし、労働者たちは軍隊や警察の大きな武力の前に屈服せざるを得ませんでした。二月闘争の後、オーストリアの民主主義勢力は力を弱め、ファシズム——オーストロ・ファシズムが国全体をおおっていきます。

一九三四年、新しい独裁政権の憲法が制定され、すべての政治的、文化的、経済的な運動は禁止されました。何千人もの労働組合幹部や組合員が迫害され、逮捕されました。この後一九三八年にヒトラーによってオーストリアはドイツに併合されますが、それより四年前に、すでにオーストリ

オーストロ・ファシズムを掲げ、シュシュニク首相を支持するように扇動するポスター。旗にあるのはそのシンボルマーク（軍事史博物館）

アは、独自にファシズムの路線へと踏み出していたのです。

※ナチスによるオーストリア併合（合邦）

隣国ドイツのヒトラーも、オーストリアに目をつけていました。何よりも地政学的に見て、ドイツにとりオーストリアは、南ヨーロッパ、東ヨーロッパへの関門に位置していたからです。これに対しドルフス首相は、同じファシズムでもオーストリア独自の路線を進む意思が強く、ナチス・ドイツによるオーストリア併合に反対していました。

そこで、ドルフス首相が邪魔になったナチス・ドイツは、一九三四年七月二五日、一五四人もの武装集団をオーストリア首相官邸に侵入させ、ドルフス首相を暗殺するという暴力的な手段に訴えました。傷ついたドルフス首相は即死ではありませんでしたが、医師の治療を拒み、亡くなりました。官邸を襲撃したナチスの武装集団は、そのままナチス政権を樹立しようと考えていましたが、オーストリアの警察・軍隊の手によって鎮圧されました。ナチスによるオーストリア併合も一時中断されます。

ナチス・ドイツとオーストリアの併合をめぐる攻防は、その後四年間にわたって続きました。ドルフス首相の後を継いだシュシュニク首相は、ナチス・ドイツが武力でオーストリアを攻撃してくることを恐れていました。一九三八年の三月、シュシュニク首相はドイツと併合するかどうかを国民投票にかける予定でいました。しかし、その結果を待つことができなかったヒトラーは、シュシュニク首相に圧力をかけてきました。シュシュニク首相はナチスの武力に屈し、国民投票を中止して自らも辞職してしまいます。

三月一二日、ドイツ軍はオーストリアへ侵攻し、翌日にはヒトラーが「オーストリアは大ドイツ帝国の一部となった」と宣言します。一九三八年三月一五日、ウィーンの英雄広場で演説するヒトラーと、それに熱狂する何万人ものオーストリア人の写真はよく知られています（次ページ）。

「これ以上、ドイツ人の血を流してはいけない」という言葉を残したのは、シュシュニク首相です。「オーストリア人の血」ではなく、「ドイツ人の血」と言っているところに、何とも名状しがたい気持ちが表れています。

15. 3. 1938: Ad
Hitler spricht a
dem Heldenplatz
Wien

Jubel und . . .

An diesem Abend
hängten auch wir
e Hitlerfahne vor un-
r Haus. Meine Mut-
r und Tante Steffi
nnten den weißen
reifen aus der rot-
ißroten Fahne, näh-
n die zwei roten
reifen zusammen
d mitten darauf das
kenkreuz . . . Als
e Fahne fertig war,
tete Tante Steffi den
ißen Streifen zu
em kleinen Päck-
en und band einen
ldfaden darum.
as heb' ich mir gut
", sagte sie. Sie legte
s Päckchen in ihre
hranklade, in der
die Totenbilder ih-
Verwandten und
eunde aufbewahrte,
ch das Totenbild
n Dollfuß, ein paar
blichene Fotos von
iser Franz Joseph
d andere Erinne-
gsstücke aus der
iserzeit."

dem autobiographischen Ju-
roman von Käthe Recheis
a. Unser Dorf und der Krieg".
ff.

1938年３月15日、新王宮のバルコニーで演説するヒトラーと、英雄広場に詰めかけたウィーンの群衆（写真提供：オーストリア近代史研究所）

国民投票のプロパガンダに使われたウィーンのウラニア（天文台などの施設）
（写真提供：オーストリア市民大学資料館）

※九九％が「合邦」に賛成した国民投票

一九三八年四月一〇日、ドイツに併合するかどうかの国民投票が、ナチスのコントロール下で行われました。この国民投票は、ドイツとの合併に「賛成」と答えるように、あらゆる宣伝と情報操作が行われました。その結果、九九％のオーストリア人が合併に賛成し、オーストリアは無条件で合法的にドイツに併合されたのでした（これはオーストリアでは「合邦」と呼ばれています）。

しかし、この九九％という数字と、英雄広場で熱狂的にヒトラーを迎えたオーストリア人が、すべてのオーストリア人の気持ちを代表していたわけではありません。国民投票の前に、併合に反対の声をあげたオーストリア人約七万六千人（これは当時のオーストリアの成人の四％にあたります）をオーストリアのナチスがすでに逮捕していました。この国民投票について、元国会議員のエヴァリン・メスナー氏は次のように話してくれました。

「この時、五〇％のオーストリア人はもろ手を挙げてヒトラーを歓迎しました。三〇％は周りの雰囲気に流されて歓迎していました。残りの二〇％は反対だったけれど、実際に声に出して反対したのは五％にも満たない人々でした。残りの人々はしぶしぶ賛成せざるを得なかったのです」

併合に反対した人々は、逮捕されるか、国外へ亡命しました。では、併合に賛成した人たちは、自分たちの国、オーストリアが無くなってしまうというのに、どうしてドイツとの「合邦」を望み、また認めたのでしょう。一つは、それほどこの時期のオーストリアの政治的・経済的状態が危機的だったということでしょう。ドイツと併合することによって、ドイツがオーストリアの抱えている問題をすべて解決してくれる、ヒトラーというカリスマについていけば、きっと暮らしがよくなる、そういった藁《わら》にもすがる思いで賛成したのではないでしょうか。

※アウガルテン庭園——ナチスの高射砲台がそのままに

ウィーン市街からトラム（路面電車）で北東へ数駅行ったところに、アウガルテン庭園があります。

ナチス時代の高射砲台（アウガルテン庭園）

敷地内には、「ウィーンの薔薇」で有名なウィーン磁器工房アウガルテンと、ウィーン少年合唱団の本拠地があります。

アウガルテンの磁器工房では、磁器を作る過程をガイドツアーで見せてくれます。中国から伝わった磁器技術は、はじめドイツのマイセンで受け継がれ（一七一〇年）、その八年後にウィーンに伝わり、その後イタリアなどにも普及していきました。

つややかな白い肌に、かわいらしい花の模様。磁器工房の見学をしていると、窓からコンクリートむき出しの灰色の巨大な建物が見えます。バロック式の美しいアウガルテンの庭園には場ちがいの建物です。これは、第二次世界大戦中に使われていた高射砲台の跡で、ウィーンに現在四つ残っている高射砲台のうちの一つです。

この高射砲台については取り壊す計画もありましたが、あまりに頑強につくられているため、取り壊し時の騒音が問題になるだろうとのことで現在まで放置されています。太い鉄棒を何本も通して固められた分厚いコンクリートの建物は、現在では鳩の住みかとなっています。

土曜日の午後は買い物客でにぎわうマリアヒルファー通りの一本南の通りにウィーン水族館がありますが、この水族館の建物も、ウィーンに四つある第二次世界大戦中のナチス時代の高射砲台の一つをそのまま利用しています。

高射砲台は、非常に頑丈につくられているために、取り壊されずにそのまま利用されました。水族館のあるフリッツ・グリュンバウム広場は、ウィーンで人気のあった名優フリッツ・グリュンバウムが、ナチスによって強制収容所に送られて亡くなったことから名づけられたもので、それを記した看板もあります。

※モルツィン広場のナチス・ゲシュタポ跡地と記念碑

夏になるとウィーンはアイス屋さんが大繁盛します。若者に限らず、四〇代、五〇代のおじさんたちもアイスクリームは大好きです。一つ、二つでは物足りず、四種類ものアイスをカップに入れてもらい、アイス屋さんの前のベンチに腰掛けて食べている光景は、ウィーンの夏の風物詩の一つです。

モルツィン広場の記念碑。上部に刻まれた文字は「二度と忘れない」

地下鉄シュベーデンプラッツ駅を出たところにあるアイス屋さんも、夏はアリのように人だかりができるアイス屋さんの一つです。このアイス屋さんから、リンク沿いに西に向かって少し歩くとモルツィン広場があります。

モルツィン広場には第二次世界大戦中、ナチスのゲシュタポ（Gestapo）がありました。ゲシュタポはナチスのGeheime（秘密）Staatspolizei（国家警察）の略称です。この広場は、ナチスに抵抗したオーストリア人（当時はオーストリアはすでに存在していなかったので、正確に言えば現在のオーストリアに住んでいたドイツ人）が収容され、処刑されたところです。強制収容所へ送られた人も多くいました。

現在このゲシュタポ跡地には、記念碑が建っています。記念碑の上の石には大きく、「二度と忘れない」（NIEMAL VERGESSEN）と刻まれています。また、囚人の像とともに刻まれている二つのマークがあります。赤い逆三角形は政治犯、黄色の星はユダヤ人がつけなければいけなかったマークを表しています。

政治犯といっても、この時代にナチスに抵抗したり不服従を示した人のことをさしており、第二次大戦中の日本でも「非国民」が取り締まられたように、その範囲は広いといえるでしょう。記念碑の左下には、ウィーン市のマークとともに、ファシズムの被害者を追悼して、という意味の言葉が刻まれています。

「犠牲者たちの記念碑」の鉄の扉

※最初に強制収容所に送られた犠牲者リスト

ザルツトア通りの六番地に鉄製の大きなドアがあります。ドアには「オーストリアの自由のために闘った犠牲者たちの記念碑」と書かれています。ドアが閉まっていると中に入りにくい雰囲気です。思い切って鉄製のドアを開けてみると、中には記念碑といくつかの展示があります。ウィーン大学で歴史を勉強している学生がアルバイトで常駐していて、英語でガイドをしてくれます。

一九六八年につくられた記念碑のあるこの場所には、一九三八年まではメトロポルホテルが建っており、このホテルは第二次世界大戦中はナチスのゲシュタポ本部として利用されていました。モルツィン広場が元ゲシュタポの表側で、このザルツトア通りが裏側にあたります。現在では、モルツィン広場には建物はありませんし、モルツィン広場とザルツトア通りの間には新しい建物が建っているため、ここに一つの大きな建物があったとは、なかなか想像できません。

展示の中には、ゲシュタポにつかまったオーストリアの政治犯のリストがあります。リストは一九三八年四月のもので、最初にゲシュタポから強制収容所へ移送された人々のものでした。リストの一四二番目にはフィグル・レオポルト（Figl Leopold）という名前が見えます。彼は後にオーストリアの総理大臣になった人です。

初期のころの政治犯は、強制収容所へ送られたものの、その後解放されることもありました。弾圧がまだそれほど厳しくなく、権力者が自分たちの力を守るために抵抗する者を抑えていた、という状況だったからです。オーストリア出身のナチスの高官アドルフ・アイヒマンが、ユダヤ人の移送を命令した文書も展示されています。アイヒマンは戦後、逃亡していたアルゼンチンで逮捕されています。

記念碑には、第二次世界大戦中に政治犯として迫害された社会民主党、国民党、共産党をそれぞれ代表する、有名な政治家の言葉が刻まれています。そしてその上には、先ほど紹介したように「オーストリアの自由のために闘った犠牲者」とあります。この「オーストリアの自由」とあいまいに表現されている点が、私には気になりました。

先に述べたように、オーストリアは一九三四年からオーストロ・ファシズムというファシズム体制に入ります。一九三八年にナチス・ドイツに併合されるまでに、すでにオーストリア独自のファシズム体制が存在していました。この「オーストリアの自由」が、オーストリア人の民主主義にもとづく自由を意味するのであれば、ナチスに抵抗した人々だけでなく、一九三四年からのオーストロ・ファシズムに抵抗した人々も対象に入ります。一方、オーストロ・ファシズム体制派で、しかしナチス・ドイツによる併合に抵抗した人も、「オーストリアの自由」を守るために闘ったとも言えます。つまりファシストもアンチ・ファシストも「オーストリアの自由」という言葉でひとくくりに表現されていることが気になったのです。

※元アスパング駅――強制収容所への出発点

一九三九年一〇月から一九四二年一〇月まで、このモルツィン広場にウィーンの政治犯やユダヤ人、そのほか迫害の対象になった人々が集められ、貨物列車で強制収容所に移送されていきました。

元アスパング駅のあった所

チェコのテレジン、北ドイツ、ラトビアのリガ、ベラルーシのミンスクなどの収容所への長旅にもかかわらず、水や食べものを与えられませんでした。その回数は三年間で四七回にもおよび、毎回約千人、合計で五万人近くの人々が移送されていきました。

一九四三年からは、ウィーン北駅から移送が行われるようになりました。ウィーンから移送されたユダヤ人の多くは、最終的にはポーランドのアウシュヴィッツ・ビルケナウ強制収容所のガス室で殺されました。一九三八年、オーストリアには約二〇万人のユダヤ人がいましたが、そのうちの三分の一、六万五千人がホロコーストによって殺されています。一九九五年に、ナチス・ドイツの無条件降伏と、それに伴うヨーロッパでの第二次世界大戦終結五〇周年を記念して、この場所に看板が建てられました。

※シュテファン寺院
――壁に刻まれた「05」のマーク

旧市街の中心にあるシュテファン寺院のまわりは、いつも多くの観光客でにぎわっています。しかし、このシュテファン寺院の正面入り口の右の外壁に、「05」と刻まれた部分があることは、あまり知られていません。「05」の文字はガラスでおおわれており、刻まれた部分が風化して消えてしまわないように保護されています。

この「05」は、第二次世界大戦中、オーストリアの独立を意味する暗号でした。０（ゼロ）はO（オー）を、5はアルファベットの五つ目のEを表しました。オーストリアはドイツ語ではÖsterreichですが、このÖ（オーウムラウト）の文字を「OE」と表して、Oesterreichと書くこともで

シュテファン寺院の壁に刻まれた「05」

抵抗運動で命を落とした人々の顔写真（レジスタンス資料館）

きます。つまり、「OE」は「オーストリア」の最初の二文字を示していたのです。

この「05」の落書きは、当時ウィーンではいたるところで見られました。シュテファン寺院の入口に残っている「05」は、あるピアニストが彫ったものと言われています。

※オーストリア・レジスタンス資料館

旧市街の中心、シュテファン寺院から歩いて一〇分、昔のウィーン市庁舎の一部にオーストリア・レジスタンス資料館があります。ここには、第二次世界大戦前からのファシズムに対する抵抗運動の歴史の資料が集められており、研究目的であれば資料を読むことができます。一階にはレジスタンス展が常設されています。

オーストリア・レジスタンス資料館は、一九六三年に戦時中の抵抗運動者やファシズムに反対する歴史家たちの手によって設立されました。一九八三年からは、オーストリア政府、ウィーン市、オーストリア資料館協会から資金援助を受けています。研究テーマは、一九三四年から四五年までのナチスによる迫害、ホロコーストと、戦後の極右の動きです。精力的に出版物を発行するほか、八三〇人の証言を二七〇〇本以上の証言テープに記録するというプロジェクトも行われました。現在三万五千冊の書籍、四万点の写真をはじめ、三千枚のポスターほか、映画、ビデオ、新聞、雑誌、文献など豊富な資料を保存しています。

一階には、第一次世界大戦が終わってから、オーストリアがファシズムの道にすすんだ経緯、亡命を余儀なくされたオーストリア人たち、そして戦争中にナチスに抵抗しつづけた人々について、写真と英独二カ国語のパネルとともに展示してあります。ナチスに抵抗したオーストリア人は幅広く、社会主義者、労働組合員、共産主義者、カトリック教会、少数民族、パルチザンなど多くのグループがありました。もちろん、グループだけではなく、個人で抵抗活動を行った人もいました。しかし、抵抗した人々の多くは「政治犯」としてゲシュタポに逮捕され、法的なプロセスを踏まずに強制収容所へ送られました。そして、強制労働や飢餓、ナチスによる残虐行為のために命を落としました。ナチスは裁判所で、微罪であるにもかかわらず、死刑判決を次々と宣告していきました。

レジスタンス展のデータによると――

● 二七〇〇人のオーストリア人が、抵抗運動のために処刑されました。
● 一万六四九三人のオーストリア人抵抗者が、強制収容所で亡くなりました。
● 九六八七人のオーストリア人が、ゲシュタポの監獄で亡くなりました。
● 六四二〇人のオーストリア人が、ドイツの占領地域にある監獄で亡くなりました。
● 三八万人のオーストリア人兵士は、二度と戻りませんでした。
● 六万五四五九人のオーストリアにいたユダヤ人がゲットーや強制収容所で亡くなりました。
● 二万四三四二人のオーストリア市民が爆撃や戦闘に巻き込まれて亡くなりました。
● 二九万棟の住宅が破壊されました。そのうちの一九万三千棟（六七％）はウィーンにある住宅でした。
● 二五億シリング（一九四五年当時の通貨換算）の経済的損害（オーストリア産業全体）をこうむりました。

レジスタンス展では、第二次世界大戦後もファシズムはなくなったわけではないことを強調しています。「特権意識と財産所有欲があるところはどこにでもファシズムの危険がある。一九六七年のギリシャ、一九七三年のチリの例（ピノチェトの独裁政権）のように」とあります。オーストリアのネオ・ファシズムについても、「ナチス時代のドイツ軍の勲章をつけることは禁止されているにもかかわらず、オーストリア退役兵士が勲章メダルを誇らしげにつけているのを、パレードで見ること

ユダヤ広場の博物館（入口）

ができる」として、その写真が展示してあります。

このレジスタンス資料館、レジスタンス展の目的は、単に第二次世界大戦での抵抗運動の歴史を伝えるだけではありません。ホロコーストのような悲惨な歴史が繰り返されないように、現在の社会の中でファシズムの芽が育っていないか、また育たないようにするにはどのような努力が必要であるか、といったメッセージを発信しつづけています。

※ウィーンのユダヤ人――ユダヤ広場の博物館

ユダヤ広場の博物館の中に入ると、受付の左側に三台のコンピューターが見えます。このコンピューターには、ホロコーストで亡くなったユダヤ人の名前と亡くなった日付のデータバンクが収められています。

ユダヤ広場の博物館ではずっと時代をさかのぼり、今から五〇〇年以上前の中世のウィーンとユダヤ人の生活を見ることができます。中世の時代、このユダヤ広場にはヨーロッパで最大のシナゴーグ（ユダヤ教の礼拝堂）がありました。当時ウィーンの人口の五％がユダヤ人だったと言われています。しかし一四二一年当時ウィーンにいたすべてのユダヤ人は、ウィーンから追い出されるか殺されるかしてしまいました。シナゴーグも破壊され、その後五〇〇年以上もこの場所は忘れ去られていました。一九九五年になってはじめて考古学者が、シナゴーグの壁や床の一部を、この場所で発見しました。それを元にコンピューターグラフィックでの再現が可能になったのです。

発見された昔のシナゴーグの一部は、博物館にも展示されています。博物館では、この時代にユダヤ広場にあったシナゴーグや、街の様子、ユダヤ教のセレモニーや人々の生活についてコンピューターグラフィックで映し出しています。シナゴーグや街の様子を再現したコンピューターグラフィックは三次元アニメーションになっていて、まるで当時の街に立っているような錯覚に陥ります。

※ユダヤ広場――入口が閉ざされた白いモニュメント

ユダヤ広場はそれほど大きな広場ではありません。約一〇棟の建物に囲まれている、この小さい広場には、レストランやカフェがあります。その広場の真ん中に、突然白い箱型の大きなモニュメントが現れます。

入口が閉じられた白いモニュメント（ユダヤ広場）

この白い箱型のモニュメントは何を表しているのでしょう。ナチス戦犯の追跡者として知られるシモン・ヴィーゼンタールのアイデアによって二〇〇〇年に建てられたこの建物は、ナチスの被害者となったユダヤ人を追悼する意味で作られました。白い大きな箱型の建物は、七〇〇〇〇冊あまりの本や資料を表しています。多くの本や資料は、殺されたユダヤ人の思い出がたくさん詰まっていることを象徴的に示しています。

「多くの殺されたユダヤ人たちの損失は、なにものにも替えられるものではない」という意味を込めて、本の背表紙は内側を向き、コンクリートで固められたドアは固く閉ざされています。このモニュメント付近の地域でも多くのユダヤ人が捕らえられました。

※ウィーン人口の約一割を占めたユダヤ人

第一次世界大戦が終わった一九一八年、オーストリアには約一九万人のユダヤ人がいました。しかし、第二次世界大戦が終わるまでに一二万八千人が国外へ移送され、六万五千人が殺されました。首都のウィーンでは、ユダヤ人の影響は極めて大きいものでした。一九三四年の時点で、一九万一千人いたオーストリアのユダヤ人のうち、一七万六千人、つまり九二%がウィーンに住んでいたのです。ウィーンの人口の九・四%をユダヤ人が占めていました。

ところで、ウィーンのユダヤ人、と一言でいっても、上層部のユダヤ人と、下層部のユダヤ人に大きくわかれていました。

二〇世紀のはじめ、ウィーンの文化の担い手となった音楽家や作家、ジャーナリストなどは、ウィーンのユダヤ人のごく一部にすぎませんでした。彼らは一七世紀に皇帝がユダヤ人をウィーンから追い出した以後も、巨額の税金を払ってウィーンに住みつづけることを許された裕福なユダヤ人の子孫たちでした。オーストリア＝ハンガリー二重帝国（一八六七年成立）の時代には、法的に平等となったユダヤ系上流市民のサロンに、多くの芸術家や学者が集い、ウィーンの芸術、経済をリードしていったのです。キリスト教世界の中に同化していこうとする上層のユダヤ人にとって、ユダヤ教の厳しい戒律に固執する下層のユダヤ人たちは疎ましいものでした。

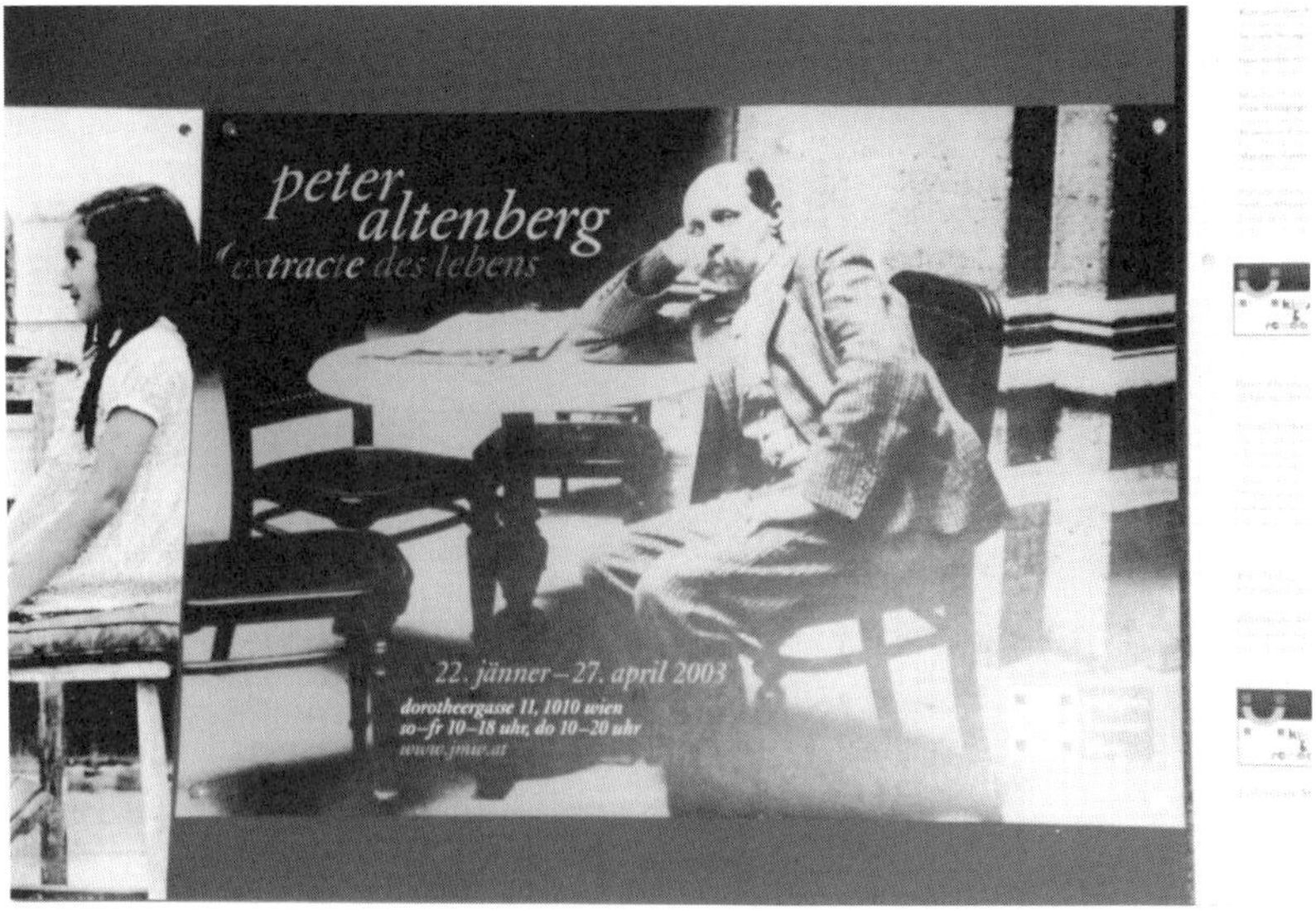

ペーター・アルテンベルク特別展のポスター

ウィーンの市民にとっても下層部のユダヤ人の増大は自分たちを脅かすものでした。彼らは、独特の服装をし、風呂敷を背負って不要になった衣類を買い取るハンドレーと呼ばれる人たちでした。旧市街にあるユダヤ通りには彼らの商店がひしめいていました。ウィーンでは、このふたつのユダヤ人グループが存在していたのです。

※ユダヤ博物館――あるユダヤ人作家の生涯

ユダヤ博物館ではペーター・アルテンベルク（一八五九―一九一九）の特別展示をやっていました。今から約一〇〇年前のウィーン世紀末とよばれた時代に、ウィーンのカフェに集まる知識人たちがたくさんいましたが、彼はこの一時代を代表する名物ボヘミアン文士でした。

ペーター・アルテンベルクは裕福なユダヤ人の

家に生まれました。ウィーン大学の医学部に進学したのですが、文学部へ転部します。父親が亡くなり遺産が転がりこむと、いわゆるボヘミアン生活を送るようになりました。ホテル・グラーベンの一室を住居とし、家族を持たず、あまたの女性とつきあいました。写真を撮ることがまだとても珍しかった時代に、たくさん写真を撮り、また他人が撮った写真も多く集めていました。ウィーンを舞台に執筆活動も行いました。

ウィーンのカフェは、この時代、知識人たちのたまり場でした。アルテンベルクは住所を「カフェ・ツェントラール」と称していたくらいで、ほぼ「カフェに住んでいる」といっていい生活を送っていました。毎日数時間をカフェ・ツェントラールで過ごし、このカフェでたくさんの手紙を書きました。天気がいいと、グラーベンのカフェ・シュランゲルで朝食をとることもありました。夕食はほぼ毎日、ブルク劇場の近くのミュンヘン・ライオン・ビアホールでとり、その後はバーに繰り出し、夜遅くまで飲んでいました。

作家として活動する前は、カフェ・グリーンシュタイドルによく顔を出していました。当時、このカフェは作家だけでなく音楽家や政治家（特に社会主義者）が集まる場所でした。ユダヤ人は、第二次世界大戦で迫害されたイメージが強いのですが、二〇世紀のはじめにはペーター・アルテンベルクのように、華やかな文化の中心に多くのユダヤ人の名前があったのです。

ユダヤ博物館の三階にはたくさんの祭祀用の道具があります。オーストリアのシナゴークや司祭

ユダヤ人居住区（ゲットー）に残されている鎖

の家、または個人の家から、一九三八—四五年の間にナチスによって没収されたものです。

ついでにふれますと、ユダヤ博物館の一階のカフェは、本物のベーグルが食べられる数少ないユダヤ喫茶店です。ベーグルはアメリカで流行して、日本に紹介されたため、アメリカから来たと思われていますが、もともとはユダヤ人たちが食べていたものです。

カフェの名前「タイテルバウム」の由来については、メニュー表に書いてありました。「ここにタイテルバウムが住んでいました」というのは、ユダヤ博物館のオープニング展示（一九九三年一一月—一九九四年五月）のタイトルです。一九三八年にウィーンは一六の地域に分けられました。タイテルバウムと名づけられたこの地区には、特に裕福でもないが貧しくもない、ごく普通の人々——洋服の仕立て屋、薬屋、雑貨屋、学校の先生、ラビ（ユダヤ教の司祭）などが住んでいたのでした。

※ユダヤ人居住区ゲットーの鎖

ウィーンには「バーミューダ・トライアングル（ドイツ語だとバーミューダ・ドライエク）」と呼ばれている場所が旧市街にあります。この一画は、一九八〇年代の半ばから、深夜まで、あるいは明け方まで開いているバーやディスコが軒を連ねるようになりました。夜になると、若者たちで賑わい、飲んで朝まで帰ってこない、ということから、このような名前で呼ばれています。

このバーミューダ・トライアングルの一画に不思議な鎖があります。

ユダヤ教の礼拝堂シナゴークのあるザイテンシュテッテン通りを囲むようにして、ラベン通りとの交差点、ユダヤ人通りとの交差点、ザイテンシュテッテン通りの入口の三カ所に、道路いっぱいに鎖がはられています。これは、車通行禁止のサインではなく、ユダヤ人居住区ゲットーの境界線に張られていた鎖がそのまま残っているのです。ユダヤ人ゲットーがあった場所では、現在でもこうした鎖が残っているところがあります。

※「社会の悪」を押しつけられたユダヤ人

一九三八年のドイツとの合邦当時、ウィーンの新聞、銀行、服飾産業の四分の三はエリートユダヤ人の手に握られていました。打ちつづく経済低迷の中で、ユダヤ人は搾取、失業、生活苦などのすべての責任を「社会悪の元凶」として押し付けられることになりました。

知的分野で成功をおさめていたユダヤ人たちに対する妬みも日に日に大きくなりました。また、経済的チャンスを求めてウィーンにやってくる貧しいユダヤ人が増えていくことにも、ウィーン市民はいい顔をしませんでした。貧しく、差別の対象となった底辺のユダヤ人たちは、社会で不必要な存在として軽蔑されていました。また、ナチスは、「キリストを殺したのはユダヤ人だった」「神聖を冒涜するやつら」としてユダヤ人を排撃しました。ナチスの手によって、ユダヤ人の権利を剥奪する法律が次々とつくられました。

この当時のウィーンの雰囲気をユダヤ人芸人のアルミン・ベルクは次のように歌っています。一九二九年に作った〈ウィーン人が幸せになるには何が要る?〉の第三節です。

ウィーン人が幸せになるには何が要る?
そりゃなんたって悪口さ
税金の悪口　ワインの悪口
もっと好きなのは　そうユダヤ人の悪口
とはいえ　まんざら嫌いじゃないらしい

なにせユダヤ人がいなかったら
悪口を言うこともできやしない
気晴らしのための悪口が必要なのさ
ウィーン人が幸せになるには
（『ウィーン大研究』春秋社、一九九二年所収より）

※一九二四年作の無声映画「ユダヤ人のいない国」

原作の小説を書いたフゴ・ベトウアーは、一八七二年生まれのユダヤ人作家で、のちにナチスのオットー・ローストックに殺されました。映画では、「ユートピア」という名前の国の出来事として描かれていますが、第一次世界大戦と第二次世界大戦の間の時代背景を考えると、オーストリアの状況にぴったりとあてはまります。映画のオリジナルは、オランダのアムステルダムのフィルム博物館で見つかりました。

＊

ユートピア共和国では、仕事を求める人のデモ行進が行われています。仕事はない、インフレで物価はどんどんあがる、何か解決法を見つけなくては、と首相も焦っています。「大ドイツ」が一つの解決法を見つけた、という知らせが届きます。それによると「ユダヤ人との共生をやめる」というものでした。首相は、そんな非人間的なことはできない、と言いつつも、それしか方法はないか、とも考えています。国会でも、この問題が話題になります。議員たちは、「ユダヤ人は産業を支配し、芝居を書いては上演している」と言います。もちろん、非ユダヤ人も芝居を書いてはいるのですが、知識階級を牛耳っているのはユダヤ人であるため、非ユダヤ人が書いた芝居はほとんど上演されません。ついに議会は「一二月二五日までにユダヤ人は国を出て行くこと。そうでなければ、厳罰に処す」という法案を通してしまいます。喜ぶユートピア共和国人と悲しむユダヤ人。

ユダヤ人は、冬の寒い中、クリスマス前までに国を出なくてはいけなくなりました。彼らは、電車に乗せられ次々と国外に送られていきました。首相官邸では、経済もこれで回復すると首相は満足げです。町でも、国民たちはこれまでユダヤ人が経営していた会社を勝手に引き継ぎ、自分たちが経営することにしてしまいます。ユートピア共和国の首都はユダヤ人のいなくなった町を祝い、花火をあげます。

ところが、ここで問題が生じてきます。ユダヤ人がいなくなり、住宅が空いて、住宅難は解決されました。インフレも止まり、食料品は安くなり、生活も楽になりました。しかし、外国にいる裕福なユダヤ人がユートピア共和国をボイコットをしはじめたのです。彼らは、ユートピア共和国通貨の投げ売りをはじめました。通貨はどんどん値を下げています。国の財政危機です。しかし、外国にお金を借りようにも、外国の大銀行はほとんどユダヤ人の手にあります。首相は困り果ててしまいます。首相は、この状況を打開するために、新しい税金を導入する、と言いますが、大反対にあいます。これまでユダヤ人が多くの税金を払っていて、それがあたりまえだと思っていたのに、自分たちが税金を払わなくてはいけなくなるなんて、耐えられないからです。

ユダヤ人が誰もいなくなった町に、一人のユダヤ人がフランス人になりすましてパリから帰ってきます。このユダヤ人、レオは、多額のお金を払ってフランス人のパスポートを作り、恋人に会いに来たのです。彼は密かに「ユダヤ人はユートピア共和国に帰ってくることを許可されました。仕事もできます」というチラシを作り、町じゅうに貼ります。一方、議会でも、ユダヤ人追放令を無効にするかどうかの議論が激しく行われています。法律を通すには、議員の三分の二の賛成が必要です。ユダヤ人追放令を無効にするために、あと一票がどうしても足りません。そこで、レオはある議員に近づき、お酒をのませて馬車で遠くまで運んでしまいます。この議員が欠席したために、議会ではユダヤ人追放令が無効になり、ユダヤ人は再びユートピア共和国で暮らすことができるようになりました。レオは、今度はユダヤ人として、ユートピア共和国に戻り、「親愛なるユダヤ人！ようこそ！」と市長さんたちに迎えてもらうことになりました。

＊

「ユダヤ人のいない国」というタイトルを見ると、この映画は反ユダヤ主義の人々によるプロパガンダだと思われそうですが、ユダヤ人の作家による皮肉たっぷりの映画です。実際、オーストリアの産業はユダヤ人の手にあり、多額の税金を払っていたのもユダヤ人でした。第二次世界大戦前、経済が低迷していたオーストリアでは、その原因と責任を、自分たち以外の何かに見つけなければやりきれないような状況だったのです。仕事もなく、インフレで食べるものにも困っている自分たちと、裕福に生活しているユダヤ人。もちろん、先にも述べたようにすべてのユダヤ人が裕福だったわけではありませんが、裕福なユダヤ人は妬みの対象となり、貧しい底辺の生活をしているユダヤ人は社会の邪魔ものと考えられました。

一九三八年にヒトラーが、オーストリアを併合したとき、多くのオーストリア人が歓迎したのは、ヒトラーがオーストリア人の心の中にある望みを解決してくれるに違いないと考える人が多かったからです。ヒトラーの反ユダヤ主義を受け入れる土壌は、この時代すでに多くのオーストリア人の中に根づいていました。この映画では、最後はユダヤ人も再びいっしょにユートピア共和国で生活をはじめることになります。しかし、現実には、この原作の書かれた一五年後にはユダヤ人は国から追い出され、さらに絶滅収容所へ運ばれることになります。原作者のフゴは、ここまでユダヤ人が第二次世界大戦で悲惨な目にあうことを予測していたのでしょうか。映画から察するに、もう少し楽観的に考えることのできる要素がこの一九二四年にはまだオーストリアにあったのだと思われます。

ウィーン大学の医学部長・解剖学教授のエドゥアルド・ペルンコップは、ナチス突撃隊（ＳＡ）の軍服を着て講義をした。1938年4月下旬（写真提供：オーストリア近代史研究所）

※ユダヤ人が去った後

ところで先の映画では、ユダヤ人の追放で、残った市民たちが住宅難の解消ほかさまざまの恩恵を被ったことが描かれていました。そして実際、一九三八年のドイツとの合邦により、ウィーンに住む多くのオーストリア人にとって映画と同じ状況が出現したのでした。「薄汚れた」貧しいユダヤ人たちはいなくなって、町がすっきりするという声が聞かれる一方、上層部のユダヤ人たちも経済や芸術の世界から姿を消しました。商店の主人はユダヤ人への借金を帳消しにでき、ビジネスマンや大学教授はユダヤ人と競争をしなくても

フロイト博物館のあるベルク通り19番地の建物

よくなりました。家を追い出されたユダヤ人の財産はナチスによって没収され、非常に安い価格で市場に出回りました。

危機的な住宅難だったウィーンでしたが、ユダヤ人がいなくなり、住宅問題も解決しました。失業問題も緩和されました。ユダヤ人がいなくなったために、多くのポストが空いたのです。

この時期、多くのオーストリア人が、ナチスによって追放されたユダヤ人から、何かしら経済的なメリットを得ていました。これが、戦後オーストリアでユダヤ人問題を話すことがタブー視されることになる原因の一つです。自分の住んでいる家が、実はユダヤ人のものであった、というのは気持ちがいいものではありません。当時はナチスの手によってそれが合法的に行われたとしても、略奪行為には違いないからです。

※フロイト博物館

旧市街の北、ベルク通りにフロイ

再現されたフロイトの診療所の待合室

ト博物館があります。精神分析学の創始者、ジークムント・フロイト（Sigmund Freud 一八五九—一九三九）はウィーン出身のユダヤ人です。フロイトは、四歳の時にウィーンに来て、ロンドンに亡命するまでの七〇数年をウィーンで過ごしました。フロイトは、それまで体に刺激を与える治療法が主であった神経症治療から、人間の無意識の層にある潜在的な原因を、時間をかけて探り意識化することで治療する新たな方法を生み出しました。

フロイトが生きていた時代のウィーンは、先述のようにユダヤ人の割合が一割を占めていました。これは、ヨーロッパの他の都市に比べても極めて高い割合です。ウィーン医学部関係者のうち、ユダヤ人の割合が四八％に達した年もあるといいます。これは、政治的な分野で上層部に入り込むことが難しく、裕福なユダヤ人の多くが金融業や医師、弁護士などの職につくことを余儀なくされていたからです。

一九世紀のヨーロッパは、キリスト教の影響で、とくに性に関してはきびしいタガがはめられていました。ウィーンも例外ではなく、禁欲がモットーとされていました。しかし一方、ウィーンのオペレッタの筋書きにもよくあるように、ウィーンでは性に関する願望は他の都市よりも表現しやすい状況で、ヨーロッパの他の地域からは「官能と不倫の渦巻く」世界とも表現されていました。このようなウィーンで、フロイトは「ヒステリーの原因は、過去の性に関する心的外傷に由来する」という説を立てました（野田倬『フロイトとウィーン』）。この説は、フロイトがユダヤ人であったこと、当時タブーであった性をあまりにも前面に出しすぎたことなどが原因で激しい非難にあいましたが、逆に言うと、ウィーンでなければ発表できなかったのではないかとも言われています。

フロイトはウィーン大学医学部で脳生理学、神経学を学び、フランスへの留学を経て、ウィーンの街中に診療所を開きます。現在のフロイト博物館のあるウィーン九区のベルク通り一九番地がその住所です。一八九一年からイギリスに亡命する一九三八年までの四七年間、ここで毎日患者たちと向き合い、治療を行いました。待合室が当時のままに再現されているほか、治療室などには当時をしのばせる多くの写真が展示されています。

フロイト博物館の内部の展示

※消えたフロイトの隣人たち

「消えたフロイトの隣人たち」という題で、二〇〇三年三月二六日から九月二八日までフロイト博物館では、特別展示が行われました。オーストリアの歴史家委員会が最終報告を出した二〇〇三年の三月というタイミングでこの展示が行われたことは大きな意味があり、ウィーンの街中にはたくさんのポスターが貼られ、展示会には多くのジャーナリストや雑誌の記者たちもインタビューに来ていました。

ユダヤ人であったフロイトは、一九三八年にロンドンに亡命しました。しかし、外国に亡命するには多額のお金が必要で、そのお金を準備できない多くのユダヤ人はウィーンから強制収容所へ移送される運命にありました。フロイトの診療所があるベルク通り一九番に住んでいた他の人々はどうなったのでしょうか。

一八八九年から一八九一年にかけて建てられたこの建物には、いくつかの店と住宅が入っていました。オーストリアがナチス・ドイツと合邦した一九三八年以降、経済的に行きづまって失業率も高く、住む家のない人々が多くいたウィーンで、ナチスは「ウィーンのアーリア化」を目指し、ユダヤ人を住宅から追い出しました。ナチスは「住む場所のないアーリア人」のためにユダヤ人は家を明け渡さなくてはいけない、として、新しい建物を建てることなく住宅問題を解決しようとしたのです。

一方、住居を取り上げられたユダヤ人たちは、狭い建物に詰め込まれることになりました。同時にナチスは、ベルク通りのある九区にユダヤ人を集めて、ゲットーのような空間をつくると宣言し、実行に移しました。一九三九年にはベルク通り一九番の建物のうち六つのアパートが集合住宅とされ、六六人のユダヤ人がわずか六つのアパートに押し込められることになりました。この人々は、自分で選んでベルク通りにやって来たのではありません。ナチスが割り当てた命令に従わざるを得なかった人々です。フロイトが診療所として使っていたアパートも集合住宅として使われるようになりました。

フロイトの五人の姉妹のうち、四人はウィーンにとどまっていました。彼女たちは集団住宅の様子がどんなふうであったのかを手紙につづり、ロンドンに亡命したフロイトに助けを求めています。

これは、一九四一年一月一五日の日付の手紙です。

「どうか、この大変な状況になっているアパートをなんとかしてください。三カ月前に二組の夫婦が来て住んでいたのですが、また新たに八人が入居してきたのです。私たち四人姉妹は一つの部屋に押し込まれました。ほとんどベッドに横になっている状態です。この状況をなんとかしてくださると信じています。ユダヤ人再移住事務所にかけあって、なんとか例外的に四つの部屋に八人のみというようなことはできないでしょうか。マリア・フロイト、アドルフィネ・フロイト、パウラ・ヴィンテルニッツ」（ウィーン・フロイト博物館所蔵）

一階の部屋番号八番に住んでいたホイザー家も、この建物から追い出されました。

ナチスはユダヤ人が国外へ亡命することを禁じ、収容所への移送を徹底的に始めました。一九三九年の一一月までに約一二万六千人のユダヤ人がオーストリアから移送されました。移送にあたっては、三〇ドイツライヒマルクしか持っていくことを許されず、その他の財産はすべて置いていくことを命じられました。

二階の部屋番号九―一〇番には、ブルリングハム家が住んでいました。

ブルリングハムは、ニューヨークの宝石会社「ティファニー」の社長の娘でした。彼女は子どもをつれて一九二五年にウィーンにやってきます。一番上の息子のための精神セラピーができる場所を探し、フロイトの娘であるアンナ・フロイトが彼の治療にあたることになりました。やがてブルリングハム自身も精神分析に熱中し、ついに一九三二年、ウィーンの精神分析協会のメンバーにまでなりました。

彼女とその子どもたちは、一九三八年までベルク通り一九番に住んでいましたが、その後ウィーンを去り、ロンドンへ亡命、アンナ・フロイトとともに精神分析の分野での研究に取り組みました。戦争のトラウマを持った子どもなど、特別な状況に置かれた子どもに関する研究がテーマでした。

ウィーンのユダヤ人は、ウィーン市の三区にあるアスパング駅から強制収容所へ移送されていきました。前にも述べましたが、毎回約千人の移送が、四七回も行われました。ベルク通り一九番の部屋番号七番に住んでいたアドルフ・マテウスも一九四二年六月二八日にチェコのテレジンへ移送された九八二人の中に入っていました。テレジンへは、この年、ウィーンから約一万三七〇〇人ものユダヤ人が移送されていきました。マテウスはテレジンで一九四三年三月に亡くなりました。

一九四二年の春から秋の間だけでも、このアパートには合計七〇人もの人々が詰め込まれたといいます。その多くは短期間ここで過ごしただけで、テレジンやベラルーシ、ポーランドの強制収容所へと送られていきました。

一九四一年の時点で、ウィーンには四万四千人のユダヤ人が残っていましたが、その大多数が女性と年寄りでした。ベルク通りの建物も同じで、一九三九年には常時五〇人以上がこのビルに住んでいましたが、そのほとんどが女性でした。

三階の部屋番号一四番は、保険会社の重役のジョン家でした。一九三九—四一年に部屋番号一四番に入れられたユダヤ人のうち三人が、一九四五年に強制収容所から解放されました。さらに一人が強制労働から解放、もう一人がウィーンで生き延びていました。しかし、戦後オーストリアでは、政治犯に対する補償はすぐに行われましたが、ユダヤ人というだけで強制収容所へ移送された人々に対する補償がなされるまでには長い時間がかかりました。

これに対して、ナチスを批判したということで逮捕され、一九四二年にテレジン収容所へ妻といっしょに送られたエミルの場合は違います。息子はアウシュヴィッツで亡くなったものの、エミルと妻は解放まで生き延び、再びウィーンに帰ってきました。彼はすぐに被害者ＩＤを受け取り、多額の年金を受け取る権利も与えられました。これは、オーストリア政府が、「オーストリアの自由と民主主義のために闘った」人々、いわゆる政治犯として収容所送りになった人々を重視した結果です。逆に、ユダヤ人や少数民族のロマ、シンティーで、無事に生き残った人々への補償は軽視されていました。

二階の部屋番号一一番に住んでいたエミル・フンブルガーは一九三九年、妻とアテネへ亡命しました。アテネには、フンブルガー家の三人娘のうち一人が結婚して住んでいたからです。一番上の娘はカトリックのオーストリア人と結婚し、ウィーンに残りました。彼女は生き延びることができました。末の娘は、一九三五年に結婚し、一九三八年にパレスチナ（現イスラエル）のテルアビブへ亡命することができました。一九四一年にエミルは妻を失い、テルアビブにいる娘のところへ行っていっしょに住むことにしました。

戦前、ウィーンのユダヤ人協会には一七万人の登録者がいました。ヨーロッパのドイツ語圏の中では、一番数が多いユダヤ人協会でした。ところが、一九四五年にはその数は四千人以下に減りました。強制収容所で生き残り、ウィーンに帰ってきた人々や、ウィーンで隠れ住んでいた人々です。戦前・戦中に亡命していてウィーンに戻りたいと考えていた人も数多くいましたが、オーストリア政府は彼らに対しては冷たく、再入国は非常に難しい手続きを必要としました。

テルアビブに移り住んでいたフンブルガー家のエミルも一九四七年に七七歳でウィーンへ帰ってきましたが、パレスチナの支援グループの手助けがなければ、できなかったことでした。ユダヤ人の財産は、ナチスの手によってすでに他人のものとなり、それは合法化されていました。戦後、エミルがウィーンに帰ってきたときに、所有していた財産の補償を受けることができたかどうかは定かでありません。残っている資料でわかるのは、エミルはウィーン五区で果物屋を営んでいたということだけです。

フロイトの隣人たち、ベルク通り一九番地に住んでいた人々で、戦後この建物に戻って再び元の生活ができた人は誰一人としていません。長い間、オーストリアは公式に、ナチスの時代にユダヤ人から没収した住居や商店についての損害賠償責任を否認してきました。本来なら、ナチスの被害者はすぐにアパートを受け取ることができたはずなのに、です。しかし、彼らにその権利は認められませんでした。さらに言えば、ユダヤ人を追い出した後にアパートに住んでいた元ナチスの人々が裁判で訴えてアパートの権利を得る、といったこともありました。

オーストリアの補償問題は、戦後五〇年の歳月がたっても終わりを告げてはいませんでした。一九九五年、オーストリア政府はナチスの被害者のためにオーストリア共和国基金を設立、三年後の一九九八年に歴史家委員会を立ち上げています。

※ウィーンの建物の五〇%が全半壊した空襲

第二次世界大戦も終わりに近づいた一九四五年の三月、ドイツの一部として戦っていたオーストリアの首都ウィーンも、連合軍による大規模な爆撃にあいました。ドイツの大都市ほどひどくはなかったものの、ウィーン市内の建物の約五〇%が全壊または半壊しました。

オーストリアに対する連合軍の空襲は一九四三年に始まりました。翌四四年から四五年にかけて激しさを増し、ウィーン、グラーツ、フィラッハなどの都市が破壊されました。ウィーンでは、住宅の二一%と工業施設の二五%が破壊され、市民一万一〇三五人が死亡しました。

一九四五年春には、オーストリア国内が戦場となりました。東部へはソ連軍が、イタリア方面か

国立オペラ座裏のアルベルティーナ広場に立つ戦禍の記憶を残すモニュメント

らはイギリス軍が、ザルツブルクにはアメリカ軍が、またフランス軍もフォアアールベルル州に進撃してきました。

ウィーンが大切にしていた文化遺産も、最後の数週間でほぼ完全に破壊されました。ウィーン国立歌劇場は三月一二日に空襲で燃え落ちました。四月一二日、ブルク劇場が破壊され、同じ日にシュテファン寺院も焼け落ちました。ただシュテファン寺院は、大尖塔が破壊されながらもしっかりと建っていました。

鉄道は、線路の四一%と車両の六六%が破壊され、ドナウ川の船も五〇%以上が失われていたため、移動のための交通手段、食糧を運ぶ輸送手段もままなりませんでした。

映画史に残る名作「第三の男」は、戦後のウィーンを舞台に一九四九年に作られた映画です。戦後

タワシで道路を清掃するユダヤ人の像

四年たっていますが、ウィーンの街はまだいたるところ廃墟が残っており、物資不足で薬品などの貴重品は闇マーケットで取り引きされていたことがわかります。

国立オペラ座裏のアルベルティーナ広場には、当時、集合住宅があり、多くの人が住んでいました。爆撃によりこの建物も破壊され、多くの人が亡くなりました。戦後、多くの建物が再建されましたが、この場所だけ建物を建て直さずに、戦争の記憶を残すための記念碑を建てることになりました。

手前側（国立オペラ座側）にある大きな記念碑には、ヘルメットをかぶって倒れている兵士の姿や、妊娠している女性の姿があります。記念碑の部分は大理石、台座は花こう岩でできています。花こう岩はとても固いことから、オーストリアでは物

道路にしゃがみこんで清掃するユダヤ人と、それを取り巻いて見るウィーンの人々（写真提供：Agentur Votava）

事の「土台」として象徴的にとらえられています。

※路面を清掃するユダヤ人
——オーストリア版「水晶の夜」事件

道路にはいつくばっている小さな像は、ナチスによる「水晶の夜」事件後の、ユダヤ人の姿を表しています。「水晶の夜」事件とは何だったのでしょうか？ 全ドイツ・オーストリアでいっせいに起きたナチスによる組織的なユダヤ人襲撃事件です。

事の発端は、フランスで起こります。ポーランドでのナチスによるユダヤ人迫害に反発したユダヤ系ポーランド人の少年が、パリでドイツ人外交官を射殺しました。これを格好のきっかけととらえたナチスの宣伝相ゲッベルスは、「報復」としてユダヤ人を襲撃するよう党員たちに呼びかけたのです。

一九三八年一一月九日夜から一〇日未明にかけて——多くの市民も手を貸したのですが——ナチスは、オーストリア中で二六七のシナゴーグ（ユダヤ教の礼拝堂）を破壊し、七五〇〇人のユダヤ人の商店と住居を壊し、九一人のユダヤ人を殺害しました。この一晩だけで二万六千人ものユダヤ人が、暴徒によって傷を負わされました。

この時、こなごなに砕けて路上に散ったガラスの破片の様子から「水晶の夜」事件と呼ばれています。この事件の後、ナチスは破壊行為の責任をもユダヤ人に押しつけ、ユダヤ人に一〇億マルクの課徴金を課しました。あわせてその後始末としてウィーン市内では、ユダヤ人は人々が見ている中、ひざまずいてタワシや雑巾で道路を清掃させられました。この像はそのひざまずいて掃除をしているユダヤ人を表しています。ユダヤ人にかかっている鎖は、強制収容所に張りめぐらされた有刺鉄線です。

※唯一残る戦前からのシナゴーグ

ヨーロッパにあるシナゴーグは、どこも警備がきびしいのですが、ウィーンシティ・シナゴーグも例外ではありません。通りには複数の警官が立っており、近くから写真撮影しようとすると「写

ウィーンシティ・シナゴーグ。外見は一般の建物と変わらない。常時、テロ警戒の警官が警備している。

真は禁止」と、怖い顔でにらまれました。シナゴーグへ入るには、平日の午前一一時半か午後三時のガイドツアーに参加しなければなりません。一一時半のガイドツアーに行くと、参加者は私のほかにニューヨークから来たユダヤ系アメリカ人が一人、ドイツから来たドイツ人が二人でした。入り口では、身分証明証を見せ、かなり細かく尋問を受けます。「どこから来たのか、ウィーンでは何をやっているのか、ユダヤのコミュニティに属しているか、武器は持っていないか、誰かに頼まれて持ってきたものはないか」など。その後、荷物の中身を直接チェックされ、X線のゲートをくぐってやっと入ることができます。もちろん、内部の写真撮影は禁止されています。

シナゴーグはユダヤ教の礼拝堂です。ウィーンには現在二五のシナゴーグがありますが、ウィーンシティ・シナゴーグ以外は一九四五年以降に建設されたものです。つまり、このシナゴーグのみが、戦前からの姿を残していることになります。

ウィーンシティ・シナゴーグは、普通のシナゴーグと違い、建物の中に組み込まれているので、外から見るとシナゴーグであることが分からないようになっています。さらに、その建物は、普通の建物と同じように、他の建物と境界を接しています。普通、シナゴーグは広場の中心に、シナゴーグのみで建っています。なぜ、このシナゴーグだけがこうしたつくりになったのでしょうか。

これには、ウィーンの歴史を少し振り返る必要があります。このシナゴーグが建てられたのは、今から一八〇年ほど前の一八二四―二六年です。それより約半世紀前の一七八二年に、ハプスブルク家の皇帝ジョセフ二世が、ユダヤ人への制約を緩和する寛容令を出しました。これによってオーストリアのユダヤ人は政治的に以前よりもましな状況に置かれることになりました。

それまで、ウィーン（現在の旧市街にあたる）には、わずか七〜九家族という限られたユダヤ人家族しか居住を許されていませんでした。彼らは巨額の税金を払っていたために、住むことを許されていたのです。他のユダヤ人は、ウィーン市街に入ることさえ許されていませんでした。しかし、この一七八二年の法令により、ユダヤ人も大学に行くことができるようになり、また国際的な取引きもできるようになりました。さらに、税金の額も緩和され、多くのユダヤ人がウィーンの現在の旧市街の中に住むようになりました。

しかし、それでも彼らは不自由な状況に置かれていました。住むことは許されたものの、公式にユダヤ人コミュニティをつくることは禁じられていたのです。シナゴーグを建てることも許されず、ラビ（ユダヤ教の司祭）も公式に仕事をすることはできませんでした。そこで、彼らは自分の家や友達の家に集まっては、祈りの時間を持っていました。もちろん、皇帝はこのことを知っており、どの家で祈りが行われているか、また政治的な企てをしていないかをチェックするために、警備の者を送り込みました。このような時代がしばらく続きました。

ウィーンシティ・シナゴーグ内部の礼拝堂（ポストカード）

ウィーン市街に住むユダヤ人は裕福な人が多く、その中の何人かは皇帝とも親しい関係にありました。彼らがウィーン市街に、ユダヤ人のアパートや学校をつくりたいと、皇帝に相談するのですが、公式にはユダヤ人コミュニティは禁止されていたために、許されることはありませんでした。しかし、懇願しつづけた結果、最終的に一八二四年、ユダヤ人のためのアパートとシナゴーグを、公式にではありませんがつくることを許されたのです。

しかし建設には、いくつか条件がつけられました。外から見てシナゴーグと分からないようにすること、また、他の建物と接してつくるようにすること、という条件でした。

こうして建てられたウィーンシティ・シナゴーグは、礼拝堂内部の作りも変わっています。というのは、デザインしたのがユダヤ人ではなく、当時、劇場の建築家であったジョセフ・コルンホイゼル（一七八二―一八六〇）によるものだったからです。シナゴーグは一階部分と、それを取り巻くように二階、三階部分からなっていますが、二階、三階部分はちょうどオペラ座や劇場のようなつくりになっています。一階部分には男性が座り、二階、三階部分には女性が座ることが許されています。

その後、一八六七年にオーストリア・ハンガリー二重帝国が生まれ、ユダヤ人を取り巻く状況も変わりました。新しい法律ができ、キリスト教徒と同じ権利を持つことができるようになったのです。税金無しでウィーン市街に出入りすることができるようになり、それまで五千人だったユダヤ人の人口は、またたくまに一五万人までふくれあがりました。この時代は、ウィーンの知識層はユダヤ人の影響を多く受けています。精神分析学のフロイト、作曲家のグスタフ・マーラー（一八六〇―一九一一）などは、この時代に活躍したユダヤ人です。ユダヤ人が増えつづけ、一九三八年には一八万人とウィーンの人口の約一割を占めるまでになりました。ウィーンは、ヨーロッパの大都市の中でも際立ってユダヤ人の人口比が高い都市となりました。

しかし、こうした時代は一八六七年から一九三八年までの約七〇年間しか続きませんでした。ナチスの政策により、ユダヤ人は東方の収容所に送られることになったからです。オーストリアにいたユダヤ人のうち、六万五千人が収容所で亡くなり、わずか五千人しか生き延びることができませんでした。その中には、非ユダヤ系の市民によってかくまわれていた六五〇人も含まれています。一九三八年一一月の「水晶の夜」事件では、ウィーンにあった九〇以上ものシナゴーグが、ウィーンシティ・シナゴーグを除いてすべて破壊され、燃やされました。

ウィーンシティ・シナゴーグだけが全壊を免れたのは、ナチスがこれを忘れていたからではありません。シナゴーグをつくったときの厳しい条件が、このシナゴーグを救ったのです。他の建物と接しているために、このシナゴーグに火をつけると他の建物に燃え移ることをナチスはおそれました。このシナゴーグがあるのは、旧市街の中心部です。もし他の建物に燃え移ったら、旧市街全体が大火事になる可能性があったのです。そこでナチスは、内部だけを破壊し、建物はそのまま残したのでした。

戦後、一九四五年の秋にはじめてのミサが行われました。その後再建がすすめられ、一九六三年に今の形になりました。戦後すぐの一九四五年の五月には、生き残ったユダヤ人たちの手によってウィーンのユダヤ人コミュニティが再発足しました。しかし多くはその後イスラエルやアメリカに渡り、ごくわずかな数のユダヤ人のみがウィーンにとどまりました。一方、その後、東ヨーロッパや旧ソ連から多くの移民に混じって、ユダヤ人もオーストリアに移ってきました。

現在ウィーンでユダヤ人のコミュニティに登録されているメンバーは約七千八百人です。メンバーでない人を合わせると、ウィーンには一万三千人から一万五千人のユダヤ人が生活しています。シナゴーグは二五、五つの小学校と二つの高校、その他にも宗教学校、職業学校があり、スポーツやユースクラブなど、小さいながらもかなり活発に活動しています。

ただし、ウィーン以外のオーストリアの都市では状況はまったく違います。ウィーンを除くと、オーストリアに在住するユダヤ人はわずか五〇〇人だけです。例えば人口二〇万人の都市グラーツには、わずか七五人のユダヤ人しかいません。ウィーンのユダヤ人コミュニティは、宗教的・教育的・文化的そして社会的な必要に応じてさまざまな活動をしています。国際的な政治状況や、台頭する外国人排斥運動と反ユダヤ主義に対応することもコミュニティの重要な役割になっています。

※「第二のドイツ人」の屈折

ドイツとの合邦期間であった七年間、オーストリアはドイツの一部「オストマルク」（当時、オーストリアはこう呼ばれた）として、第二次世界大戦を戦いました。自分たちも「真のドイツ人」であることをドイツに示すために、オーストリア人は、必死になってホロコーストに加担したという記録があります。ヒトラーもオーストリア人ですが、アドルフ・アイヒマンをはじめ多くのナチス高官がオーストリア人だったことは、あまり知られていません。

兵士だけではなく、市民の反ユダヤ主義とその残虐な行いは、ドイツ人さえ驚かせたとも言われています。ナチスの親衛隊の新聞『ダス・シュヴァルツ・コルプス』に「われわれが北ドイツで、これまでやろうとして失敗してきたことを、ウィーン市民は一晩でやりとげてしまった。オーストリアではユダヤ人へのボイコットは組織しなくてもよいのだ。人々はすすんでやってしまうのだから！」と書かれたほどでした。

ユダヤ人をウィーンから追い出す計画は、新聞でも大きく取り上げられました。一九三八年四月二六日のナチスの党機関紙『フェルキッシャー・ベオバハター』は、こう書きました。「一九四二年までにウィーンからユダヤ人は跡形もなく消えなければなりません。ユダヤ人の商店やビジネスは禁止されるでしょう。ユダヤ人は、ウィーンではお金を稼ぐことなどできなくなるでしょう。彼らが死を待つ間、お金を国外に送るなど言語道断、このウィーンで使い果たさなくてはいけません。つまり単純なことです。ユダヤ人は出て行け！　しかし、お金はここに残るのです」

しかし実際には、オーストリア内でのナチス・ドイツへの不満は少なくありませんでした。まず失業問題は、予想していたほどには解決しませんでした。住宅は空いたものの、ドイツ人官僚やナチスの高官が優先的に入居していきました。また戦場で、常に前線に送られたのはオーストリア人でした。「前線はオストマルクの豚君たち、ＳＡ（ナチス突撃隊）とＳＳ（ナチス親衛隊）は家にいる」という皮肉な警句は、当時のオーストリア人が「第二のドイツ人」として本国に捨て駒として使われていたことが分かるフレーズです。

Ⅱ

永世中立国・オーストリアの再生

ウィーンの国連センタービル。第二次世界大戦後、永世中立国として再出発したオーストリア政府は、国連はじめ国際機関の誘致を積極的に働きかけた。一九七九年に完成したこのビルは、年間1シリング（8円!）の賃料で貸し出されている。

※シュヴァルツェンベルク広場と「オーストリア解放記念碑」

一九四五年五月、ナチス・ドイツは第二次世界大戦に敗れました。オーストリアも敗戦国となり、ドイツから切り離されました。そしてアメリカ、イギリス、ソ連、フランスの四カ国に占領されることになりました。オーストリアは四つの占領地域に分けられ、ウィーンも四つの地区に分けられました。

シュヴァルツェンベルク広場の噴水のところに、金のヘルメットをかぶった兵士を中心とした大きな記念碑があります。一九四五年に旧ソ連が作ったもので、記念碑には、「ソ連がファシズムからオーストリアを解放した記念として」とドイツ語とロシア語であり、塔を囲む四面にはロシア語のみで碑文が書かれています。

高く吹きあがる噴水はウィーン自慢のおいしい水です。ウィーンの水道水は、そのまま飲んでもおいしいことで有名です。これは、人口二〇〇万人の大都市であるにもかかわらず、その水道水を国内にある山麓から上水道で引いているからです。一八七三年には、ウィーンから一二〇キロ離れたシュネーベルクの湧き水から水道を引きました。一九一〇年には、シュタイアマルク州にあるザルツァ渓谷からも水道が引かれ、一七〇キロを三六時間もかけてウィーン市水道に届くようになりました。この二つの高原湧水はウィーン市民一人あたり二三五リットルの水需要を毎日満たしてく

旧ソ連が建てた「オーストリア解放」記念碑

れています。

※一〇年間の連合国軍の占領をへて

戦後、オーストリアの政治リーダーたちはホロコーストに加わった責任問題から距離を置きました。戦後一〇年間の連合国軍による占領をへた後、一九五五年にオーストリアは占領国と国家条約を結び、永世中立と独立を宣言します。

当時の外務大臣のフィグルは「国際社会に理解を得るために、世界のリーダーとなるべく積極的に中立政策を展開する」とその決意を述べています。また、後述する一九四三年のモスクワ宣言によって、オーストリアはナチス・ドイツによる最初の被害者として公式に認められていました。

一九七〇年から八三年にかけてブルーノ・クライスキー首相の時代には、オーストリアは積極的な中立政策を打ち出します。ヨーロッパの東西、中東紛争、先進国と第三世界の間で、オーストリアは対話を進めるためにイニシアティブを取りつづけました。このオーストリアの役割は、オーストリア人にハプスブルク帝国時代にオーストリアが果たした役割——東と西の架け橋——を思い出させました。国際社会の中で高い評判を得るだけではなく、オーストリア人一人ひとりの生活水準も上がりました。オーストリア人は徐々にこの中立国としてのオーストリアを、自国のアイデンティティーとして認めるようになりました。

ある歴史家はオーストリアの中立について次のように述べています。

「中立は、オーストリアにとって薄明かりの時代をつくりだした。オーストリアは、ナチスの独裁政権からすぐに連合軍の勝者グループの一員へとジャンプするのではなくて、少しの間モラトリアムの時間をとることができた。そして、この間に中立という新しい概念が人々の間で浸透したのだ。そうか、僕たちは中立なんだ、それは悪くないね、というように。人々の心理にとってこれは都合が良かったのだ」

個々のオーストリア人にとって「中立」というアイデンティティーはとても大切なものとなりました。

オーストリアは一九世紀から二〇世紀にかけて、激動の時代を生きてきました。二つの世界大戦を体験し、帝国から共和国へ、中央ヨーロッパの大国から小さな国へ、少なくとも一二カ国語を話す多民族国家からドイツ語国家へ、教会と裁判所と軍隊がすべてを決めていた国から複数政党の民主主義の国へ、七年間にわたるナチス・ドイツへの併合から一九四五年の分離へ、そして一〇年間の連合国による占領を経て独立へ、そして中立国へ――。これらの激しい変化を経験したオーストリアが、第二次世界大戦後、安定した国づくりを行いたいと思ったのも無理はありません。

※「ナチスの犠牲者」神話の由来

元西ドイツのシュミット元首相は、一九八六年にドイツを代表する週刊新聞『ディ・ツァイト』でこう述べたことがあります。

「日本は原子爆弾の被害でもって、日本軍の侵略の責任を帳消しにしようとしている」

これと共通する「犠牲者神話」は、オーストリアにも存在していました。

第二次世界大戦後、オーストリアがドイツとともに戦争を戦ったという事実が、国際社会で表に出ることはありませんでした。これは、「ナチス・ドイツの最初の犠牲者」神話がオーストリアで強調されていたからです。アメリカ、イギリス、ソ連の間で一九四三年に合意された「モスクワ宣言」によって、「オーストリアはヒトラーの侵攻によって犠牲となった最初の国である。この宣言によって一九三八年三月一五日のドイツによる併合は無効とする（実際の併合は三月一三日）」とされました。実は、この宣言の後半ではオーストリアがナチス・ドイツ側に立って戦った責任についても述べられていたのですが、この部分は戦後、ふたをされる結果となりました。

また、戦後一〇年たった一九五五年に連合国との間で結ばれた国家条約には、今後ドイツとの合邦を禁止する条項はあったものの、オーストリアがドイツの側に立って第二次世界大戦に参加したことについては触れていません。これは、条約を締結する前日に連合国との交渉によって、オーストリアの戦争責任を示す一文が消されたためです。

終戦後の政府も、オーストリアの責任を回避する発言を行っています。すべての責任はドイツの側にあり、オーストリアは押し付けられてしぶしぶ従っただけである、との論旨です。「ユダヤ人の迫害は、オーストリアがドイツに占領されていたときに行われたものである。それはナチス・ドイツによって命令され、彼らの手助けによって、実行されたのだ」というのが、一九四五年からの連合国占領下でのオーストリア政府の公式見解でした。一九五三年にラープ首相はユダヤ人コミュニティからの質問にこう答えています。

「当時、オーストリア政府がナチス・ドイツの侵攻に抵抗することは不可能であった」

人々の記憶の中にあった戦争の記憶は、オーストリア政府や首相の発言によって徐々に塗り替えられていきました。ナチスの被害者であったという都合のよい神話を定着させることによって、オーストリア政府は戦争責任を最小化する道をとったのです。

※国民党と社会党の〝暗黙の了解〟

オーストリアの二大政党、国民党と社会党（一九四五年までは社会民主党、四五年から社会党と名称を変更し、九一年に再び社会民主党に戻した）はいずれも「犠牲者神話」を一種の隠れ蓑として受け入れました。これは、一九三八年のドイツとの合邦の時のプロセスに、両党とも明らかにしたくない秘密があったからです。

社会党からすれば、ナチスに併合された責任は国民党にあるといいます。つまり、国民党の前身となるカトリック保守のキリスト教社会党が、オーストロ・ファシズム体制を築き、このファシズム体制がドイツとの合邦をもたらしたと主張するのです。一方、国民党は、「そうではない。自分たちは、ナチスに命をかけて抵抗したのだ」と主張します。つまり、自分たちがナチスを拒否しつづけたために、一九三八年までオーストリアの独立を維持しつづけることができたというのです。オーストロ・ファシズムの生みの親ドルフス首相は、そのためにナチスに暗殺されたではないか、とも主張しました。

しかし、この問題を深く追求していくと、お互いの傷をつつきあうことになります。そこで、ドイツとの合邦への歴史についてはふれないことを暗黙の了解としました。事実、ナチスの支配下では両党ともに政治犯として、強制収容所での生活を強いられた苦しい過去を共有しています。

ナチスの被害者という点では一致することもあり、「オーストリアはナチスの被害者。私たちは、ナチスに力いっぱい抵抗したのだ」と、話を単純化することでこの問題にふたをしたのでした。

※映画「サウンド・オブ・ミュージック」の虚偽と真実

映画「サウンド・オブ・ミュージック」をご存知の方は多いのではないでしょうか。またこの映画でオーストリアをイメージされている方も多いと思います。実際、アルプスの山々、美しい湖、ザルツブルクの街並み、音楽、これらはオーストリアが誇る財産です。

ウィーンの位置するオーストリアの東部は、ハンガリー平原が広がる平坦な地勢です。そこから電車で西へ向かい、ザルツブルクが近づくと、突如として車窓の風景が変わることに驚きます。それまで、なだらかな平原しか見えなかった景色が、突然、まわりを岩山で囲まれることになるからです。山あり、谷あり、そしてたくさんの小さな集落あり、という変化に富んだ車窓の景色を楽しむことができます。まさに、映画に出てくる美しいザルツブルク郊外の風景です。

増谷英樹氏の『歴史のなかのウィーン』(エディタースクール出版会)に、この映画が、戦後オーストリアが主張してきた「犠牲者神話」を見事に描いているという指摘があります。その指摘を読んだ後で、映画をもう一度見てみました。ファンの方の夢を壊すつもりはないのですが、映画では、誇り高き小国オーストリアと愛国者トラップ大佐が演出され、オーストリアが触れたくない過去に

古い街並みを残すザルツブルク

ついてはまったく取り上げられていないことがわかりました。

映画に描かれる時代は、ちょうどオーストリアがナチス・ドイツに併合される一九三八年の前後です。ストーリーは、ジュリー・アンドリュース演じる主人公の修道女マリアが、ザルツブルクの修道院を出て、家庭教師として七人の子どもがいるトラップ家に住み込むところからはじまります。妻に先立たれ、心の傷を癒せずにいる元海軍エリートのトラップ大佐は、子どもたちにまで規律を強制し、家の中には笑いがありません。マリアは、子どもたちに歌を教え、ピクニックに行き、のびのびと遊ばせます。はじめは衝突していたトラップ大佐とマリアですが、次第に恋に落ち、結婚することになります。ここで終われば、ハッピーエンドなのですが、時代は味方してくれません。「オーストリアびいき」（映画より）の大佐は、ドイツとの合併後も、ナチスへの協力を拒みつづけます。トラップ一家は、音楽祭での合唱を最後にオーストリアを去り、スイスへ逃れるというストーリーです。

この映画をはじめて見た時は、歌のすばらしさと美しいザルツブルク近郊の景色、そしてマリアの天真爛漫な明るさとニヒルなトラップ大佐の魅力に惹かれました。ナチスに追われて逃げざるを得なかったトラップ一家の運命を見て、「オーストリアの中にもナチスに迎合しなかった誇り高いオーストリア人がいたのだ」と感心したものです。そして、「ナチスは、美しいオーストリアを土足で踏みにじり、純粋で歌の好きな人々を不幸に陥れた悪いやつら」という印象も強く残りました。しかし、オーストリアについて調べていく中で、問題はそれほど単純ではないことがわかってきました。映画では、「オーストリアびいき」は「オーストリアの独立を希望する誇り高き人々」、「ナチス・ドイツびいき」は「ナチス・ドイツに屈服、あるいは迎合した人々」であるかのように表現されています。最初に受けた印象や、ナチスに対するこの表現は、まさに戦後オーストリアが強調してきた「犠牲者神話」路線に当てはまります。

※実際のトラップ一家がたどった道

実際にトラップ大佐と一家がたどった運命は次のようなものでした。トラップ大佐のフルネームは、ゲオルク・フォン・トラップ、一八八〇年に現在のクロアチアにあるアドリア海に面した町ザダル（当時はハプスブルク帝国領でザーラと呼ばれていた）で生まれ育ちます。海軍将校だった父を持ったゲオルクもハプスブルク帝国海軍に入ります。一九〇〇年、二〇歳の時に中国で起きた義和団の乱の鎮圧に参加し、めざましい活躍をして勲章を授けられます。第一次世界大戦では、帝国海軍の潜水艦の初代艦長として活動し、後にその功績によってマリア・テレジア十字勲章と男爵の地位まで授けられました。その後、第一次世界大戦の終結とともに海軍を退役します。

実際のトラップ大佐は、ドルフス、シュシュニク両首相の下でのオーストロ・ファシズムの支持者でした。一九三六年八月に、トラップ一家がザルツブルクの合唱祭のコンテストで一位になり、ラジオに出演すると、ラジオを聴いたシュシュニク首相に、首相主催のレセプションで歌って欲しいと招待され、絶賛を浴びたこともあります。しかしトラップ大佐は、ナチス・ドイツには反抗的な態度をとりつづけました。

一九三八年にオーストリアがドイツに併合された後、大佐は屋敷にナチスのカギ十字の旗を掲げることを拒否します。さらに、海軍省からドイツ軍の潜水艦の艦長になるように命じられますが、これも断りました。このあたりは、映画の中でも新婚旅行から帰った大佐がナチスの旗を破り、海軍からの命令に応じないためにオーストリアを脱出する計画をたてる場面として描かれています。

実際には、その後「トラップ・ファミリー聖歌隊」がオストマルク（オーストリア）の代表に選ばれ、アドルフ・ヒトラーの誕生日パーティーで歌うように言われたトラップ大佐が、これ以上ナチスに抵抗しながらオーストリアにとどまるのは無理だと判断、家族を集めて相談し、祖国を脱出する決心をします。そして一家は南チロルの山を登り、イタリアのサン・ジョルジョ村に滞在した後、一九三八年九月に船でアメリカへ渡ったのでした。

※問われなかった「祖国」の内実

映画では、この時代をどのように表現しているのでしょうか。マリアが草原で歌った後、舞台はザルツブルクの修道院に移りますが、その時に「オーストリア・ザルツブルク　一九三〇年代　最後の栄光の時」というテロップが出ます。また、庭にいるマリアを目で追っているところを見つけられた婚約者に「どこにいるの?」と聞かれるシーンで、大佐は「滅びようとしている世界だ」と答えています。一九二〇年にはじまったザルツブルク祝祭音楽祭の影響もあり、この時期のザルツブルクは、文化の中心としてヨーロッパでも注目を集めていました。しかし現実の生活は厳しく、第一次世界大戦での敗戦でハプスブルク帝国は解体され、工業地域と農業地域を失い、急上昇するインフレと失業の中で、ドイツとの合併を求める人も多くいました。

長女のリーズルが、雨やどりのあずまやの中で電報配達の若者ロルフと「もうすぐ一七歳」を歌うシーンがあります。そこで「オーストリアびいき」の大佐についてロルフが、「面倒なことが起こ

マリアとトラップ大佐の結婚式のシーンを撮影した
モントゼー湖畔のシュティフト・プファール教会

らなければいいけれど」と心配します。それに対しリーズルは「皇帝から勲章をもらった英雄だもの、大丈夫よ」と答えています。皇帝からもらった勲章といっても、ハプスブルク帝国はもう存在していませんでした。後にナチスの一員となったロルフはリーズルのもとから去っていきます。当時は、このように立場が違うことで引き裂かれた恋愛や友人関係も多かったのではないでしょうか。

一家が音楽祭から修道院に逃げ込み、墓標の陰に隠れているところを、ロルフに見つかるシーンがあります。ロルフはトラップ大佐を撃つことはできません。しかし、トラップ大佐が「連中のまねは無理だ」といった瞬間に我をとりもどし、発見を伝える笛を吹き鳴らします。以前から反ユダヤ主義がはびこっていたオーストリアでは、ドイツ本国以上にホロコーストに参加した兵士が多かったと言われています。また、前にも述べたようにドイツ本国の人々に「二流のドイツ人」として見下されていたオーストリア人は、残虐行為を積極的に行うことで、その軽侮をはねかえそうとしたとも言われています。「連中（ナチス）のまねは無理だ」と言われて反応したロルフの気持ちは、後者の方だったのではないでしょうか。

映画の中に、マックスというトラップ大佐の友人が出てきます。彼はナチスに対して「あいつらとはうまくつきあうしかない」「平和的に合併したのは幸いだった」「新ナチ派のふりをするのが身のためさ」などと発言して、トラップ大佐の怒りを買います。世論調査機関ギャラップの調査によると、オーストリアの主要都市の中では、ザルツブルクが最もナチスに寛容であったという結果になっています。ザルツブルクではウィーンの二倍もの人々（一九％）が、「ユダヤ人はアーリア人より民族として劣る」と考えており、「ナチスはやりすぎたが、ユダヤ人をそれにふさわしい場所にとどめておくためには何かをしなければならなかった」と考えていた人は、ザルツブルク人口の五〇％にも及んでいました（ウィーンでは三八％。スティーヴン・ギャラップ著『音楽祭の社会史』）。

一九三八年三月にナチスがオーストリアを併合し、ナチスの軍隊がザルツブルクの市内に入ったとき、カギ十字の旗を持ち、熱狂した住民が彼らを迎えたといいます。オーストリアの民主的独立を願った社会主義者たちはすでにオーストロ・ファシズム体制によって弾圧され、オーストロ・ファシズムがナチスの力に屈伏して併合されたとき、反ユダヤ主義がこれだけ浸透していたザルツブルクで人々がヒトラーを熱烈に迎えた理由は説明がつきます。

ところで、映画に出てくる「オーストリアびいき」は、当時どのような意味を持っていたのでしょうか。ナチスがオーストリアに触手を伸ばす前、オーストリア国内ではオーストロ・ファシズム路線をゆく保守派と、それに対抗するウィーンの労働者を基盤とする社会民主党などの左派のグループが対立していました。オーストロ・ファシズムは、ドルフスが議会を停止し、独裁的に権力を行使するようになってから、ますますその傾向を強めました。一九三四年にカール・マルクス・ホーフで起きた二月闘争で両者は激しくぶつかりますが、左派は敗退します。しかし、これを契機に左派グループは力を弱め、地下に潜ることになります。

その後、オーストリアの独立を保ちつつファシズムの道をいくオーストロ・ファシズムと、オーストリアをドイツに併合しようとするナチスの路線がぶつかることになります。ドルフス首相は暗殺され、後継者のシュシュニクはナチスの武力攻撃をおそれて辞任し、オーストリアはドイツに併合されました。

つまり、トラップ大佐が支持していたオーストロ・ファシズム路線は、オーストリアの独立は望んでいたものの、民主的な動きを弾圧した独裁政権でした。映画では、トラップ大佐は「滅びゆくオーストリアを憂える愛国者」として演出されています。音楽祭では、「オーストリアのみなさん。

祖国への愛をこめて歌います。みなさんもその歌をどうぞ死なせないでください」とコメントし、エーデルワイスを歌って感動を誘います。この歌のシーン自体はすばらしいのですが、トラップ大佐の言う「祖国への愛」は、実はオーストロ・ファシズムの祖国への愛だったのです。

戦後、オーストリアが主張した「犠牲者神話」は、こうした複雑な過去を単純化し、オーストリアはナチスの犠牲者であった、としました。この映画もそうした「犠牲者神話」の上に作られたものだったといえます。

※映画の地元での評判

地元オーストリアでは、ハリウッド映画である「サウンド・オブ・ミュージック」の評判は、あまりよくありません。あまり触れたくない過去を、あまりにきれいに美しく演出しているので、苦い気持ちで見ていたのかもしれません。撮影でも、ドイツによるオーストリア併合のシーンを撮るのは大変だったという記録があります。ザルツブルクの街では、ナチスのカギ十字（ハーケンクロイツ）を掲げることすらできず、皮肉にもナチス派の人の協力を仰ぐ結果となりました。

もともとこの映画の監督は、「ローマの休日」を監督したウィリアム・ワイラーに話が持ち込まれました。ワイラーは台本の草案を読み、戦争を背景にしたシリアスなドラマにしようと考えました。しかし、家族愛をテーマにするつもりだった製作側の意向と対立し、「ウェスト・サイド物語」でオスカーを受賞したロバート・ワイズ監督が起用されることになったといいます。
ミュージカル映画として、またラブロマンスとして、美しい景色を楽しむ映画としては、夢を与えてくれるとてもすばらしい映画です。しかし、「過去の克服」が遅れ、右派ポピュリストの台頭を許してしまったオーストリアの現状を見ると、その夢に酔うことはできません。

※戦後も否定されなかったナチス

第二次世界大戦後、政治のリーダーたちは新しいオーストリア共和国はナチスの「犠牲者」であることを強調して、ナチスと協力した過去の記憶を消そうとしました。しかし、兵士として実際に戦った人々、戦争の時代を生きた人々はその記憶を簡単に消すことができたのでしょうか？　彼らにとって、「犠牲者神話」を受け入れるには戸惑いがありました。ナチスの側に立って直接戦った人々にとっては、ナチスそのものを否定して自分たちが犠牲者だったというよりも、「ナチスは悪いことじゃない」と開き直る方が心理的に楽だったのです。

終戦直後の一九四六年から四八年に、米軍が行った調査によると、二七％から五一％のオーストリア人がナチスを肯定しています。また一九六〇年代の調査では、ナチスの同調者を戦争犯罪者として厳しく罰することに賛成しているのはわずか九％にすぎません。多くのオーストリア人がナチスに対して寛容な見方をしていたことがうかがえます。

「最後まで兵士としての義務を果たさなくてはいけなかったのだ」「ヒトラーへの忠誠心を示さなくてはいけなかったのだ」といった元兵士の反応も多く見られます。一九八〇年代になってさえ、大統領候補のワルトハイム氏は、過去のナチスでの経歴を問われたときに次のように答えました。

「他の多くのオーストリア人と同じように、私も私の義務を果たしただけだ」「一人の兵士として、悲劇的な戦争を経験しました。それが私の行ったすべてです」

この時、多くのオーストリア人はこのワルトハイム氏の発言に同情し、共感しました。実際に戦場で戦った元兵士、そしてその家族にとって、ワルトハイム氏の発言は戦争での残虐行為を正当化する非常に聞こえのいい発言だったからです。ワルトハイム氏と同じように、戦場で戦ったオーストリア人の中には、一九四五年以降、新しい経歴を重ね、戦時中の経歴を消すことに成功した人々もいました。

※独立への道

先に述べたとおり、一九四五年五月、敗戦と同時に、オーストリアは連合国軍に占領されました。アメリカ、イギリス、ソ連、フランスの四カ国です。連合国は、オーストリア、そしてウィーンを四つの地域に分けて占領しました。以後、四カ国ともオーストリアから撤退する意思を見せません。というのも、米ソ対立の冷戦がはじまると、地理的に見て東西両陣営の接点に位置するオーストリアから撤退することは、どちらにとっても一歩後退を意味したからです。

オーストリア国内では二大政党、社会党と国民党が連立を組んでいました。両政党の政治家いずれも、連合国四カ国となんとか国家条約を結び、連合国の軍隊に合法的にオーストリアから撤退してもらおうと努力を続けていました。一九五二年につくられたオーストリア映画「二〇〇〇年四月一日（1.April.2000）」は、二〇〇〇年になってもまだオーストリアが占領されているというSF映画ですが、当時のオーストリアが早く独立したいという焦りと、永遠に独立できないのではないかという絶望感の狭間にいたことがうかがえます。

しかし、懸命の交渉のおかげで徐々に、連合国も自国の軍隊を撤退する気持ちが固まってきたかのように見えました。ソ連だけが「オーストリアが二度とドイツの一部にならないこと、西側の軍事同盟に加盟しないこと」を条件に撤退するとの条件を突きつけてきました。当時、ソ連にとって、オーストリアが再びドイツと軍事同盟を結ぶことは非常な脅威だったからです。オーストリアはソ連にその条件を約束して、ようやく国家条約を結びました。

オーストリアの政治家たちは、連合国との条約をきちんと守ることを示すためにも、共和国憲法法規（中立法）でオーストリアの「永世中立」を誓いました。この共和国憲法法規は、連合国軍の兵士がオーストリアを撤退した翌月の一九五五年一〇月二六日に議会で承認されました。

※自国の五〇年後を想像したSF映画「二〇〇〇年四月一日」

磁器工房アウガルテンのあるアウガルテン宮殿の中に、オーストリア映画資料館があります。ここには数千の映画フィルムが保存されています。オーストリアの将来を描いた「二〇〇〇年四月一日」（監督はヴォルフガング・リーベンアイナー）というフィルムもここにあります。

この映画は、占領下の一九五二年の時点で、五〇年後の西暦二〇〇〇年のオーストリアを想像して作られたSF映画です。今これを見ると、その当時のオーストリアが将来に何を望んでいたのか、何を大切にしようとしていたのかがわかり、非常に面白いのです。

当時、オーストリアは第一次世界大戦、第二次世界大戦と二つの戦争に敗れ、さらに連合国軍に占領されていました。人は誰でも、人生がうまくいかなくなった時、過去の栄光を思い出して、その思い出の中に生きるものです。この時代のオーストリアも、ハプスブルク帝国時代の栄光に自分自身を見出していました。それが、この映画では非常によく表現されています。

ウィーンはハプスブルク帝国の首都であり、文化の発信地でもありました。ウィーナーワルツ、オペラ、オペレッタ、モーツァルト、ヨハン・シュトラウス、シューベルトなどのウィーンを代表する音楽と、マリア・テレジア女帝、フランツ・ヨーゼフ皇帝などハプスブルク家を代表する人々が、第二次世界大戦後のオーストリアの傷を癒してくれる「古き良き時代」の象徴として表現され

アウガルテン宮殿内にあるオーストリア映画資料館

ています。そしてその華やかで平和的なイメージが、オーストリア人を形成している基盤であると語っています。

では、一九五二年に想像した五〇年後のオーストリアは、どんなものだったのでしょうか。

この映画の設定では、二〇〇〇年になっても、まだアメリカ・イギリス・ソ連・フランスの連合軍がオーストリアを占領し、連合軍のジープがウィーンの町を走っていることになっています。二〇〇〇年四月一日、オーストリアの首相が記者会見をします。

「オーストリアは、今日をもって独立を宣言します。戦後、オーストリアは独立を約束されました。しかし、五〇年以上たった現在も連合国に占領されたままです。もうこれ以上我慢はできません。オーストリアは、独立します」

記者会見の会場には、この占領国四カ国の代表も同席しており、首相の突然の独立発言にあたふたします。一方、首相の発言に喜び、踊り出すウィーンの人々……。

この首相の発言を聞いて、宇宙船のようなものに乗った「世界警備委員会」なるものが、ウィーンにやってきます。「世界警備委員会」は、オーストリアの首相を裁判にかけることになりました。世界警備委員会の裁判官は、オーストリアが世界平和を脅やかしている、としてオーストリアの独立を抑えようとします。これに対して、首相は、オーストリアの歴史を俳優と舞台セットを作って再現し、オーストリアは平和的な国であることをなんとかわかってもらおうとします。オーストリア・ハンガリー帝国は平和的に誕生したのだとシュテファン寺院で見せ、野外では一七世紀のトルコ軍との戦いを見せ、マリア・テレジアが一六人の子どもを持ちながら四〇年間も帝国を治めた様子をシェーンブルン宮殿で見せます。世界警備委員会の裁判官は、だんだんオーストリアの魅力に惹きこまれていきます。

途中、「ウィーンの市内で、ゲリラが世界警備委員会の隊員たちを襲っている」という知らせが入り、首相に手錠がかけられます。ところが、よく見てみると、ウィーンの森のホイリゲ（その年にできたワインを飲ませるワイン居酒屋）で隊員たちにワインをふるまい、酔っ払った隊員たちが寝入ってしまっているだけ、というオチでした。オーストリア人は、ゲミュートリッヒ（居心地がよい、気持ちがよい）という言葉を好みます。ホイリゲでワインを飲み、楽しく踊ること、これこそがオーストリアの国民が楽しみにしていることだという場面を見せることで、これまたオーストリア人気質を表現しています。

世界警備委員会の裁判官は、しかし、連合軍に向かって今後もオーストリアを占拠し続けることを要求します。これに対して首相は、「どうしてウィーンにだけ連合軍のジープが走るのですか？モスクワに走っていますか？　ロンドンには？　ワシントンには？　パリに他国の軍隊がいますか？みんな同じ権利をもっていいはずです。どうしてオーストリアだけに居続けるのですか？」と反論します。

ウィーンでは、首相に賛同した市民たちがストライキを計画しています。首相は「国民のみなさん、ストライキではなく平和的なデモンストレーションをしてください」と訴えます。同時に、作曲家を首相官邸に呼び、デモンストレーションで行進するための音楽を作曲してくれと頼みます。このあたりはハプスブルク帝国時代の宮廷音楽家を思い出させます。首相は、デモのために「みんなそれぞれ同じ権利を持っている。小さいもの（オーストリアには小国となったコンプレックスがある）にも、同じ権利を」といった内容の行進曲を作ってくれるように音楽家に頼むのです。デモンストレーションの日、国民はオーストリア全土で音楽家の作った平和的なマーチで行進します。田舎では、地域のブラスバンドが演奏し、伝統衣装に身をつつんだ女性たちもいっしょに楽しげに行進します。ウィーンでは、ワルツとオペレッタのパレードとともに、オーストリアの独立を主張します。

しかし、世界警備委員会の裁判官は痛いところをついてきます。

「どうして、いつも過去にばかり逃げるのですか？　現在は？　そして将来は？」

首相は次のように答えます。

「将来のことはわかっています。死と生。それに愛。これは現在もバロック時代もそして将来も変わりません」

そして再度、オーストリアの独立を認めてもらうように要求します。

「オーストリアがいかに平和的な風土を持った国であるか分かっていただけたと思います。世界の平和を望むのであれば、どうして暴力的な軍隊に占拠させておくのですか？」

こうして最後は、世界警備委員会の裁判官もオーストリアの独立を宣言してハッピーエンドとなる、という映画です。

この映画には、戦後オーストリアが国際的にアピールしたかった内容がよく表れています。オーストリアは一九五五年に永世中立を宣言して独立して以来、積極的に中立政策を推し進め、国際的な評判を高めていきました。特に一九七〇年から一九八三年まで首相を務めたブルーノ・クライスキーは、冷戦の中で東と西の緊張を緩和させるために東西ヨーロッパの対話をすすめるリーダーシップをとり、また、中東問題にも積極的に関与していきました。ウィーン国連ビルも、ニューヨーク、ジュネーブに次いで世界で三番目に大きな規模を誇っています。また、現在では小沢征爾氏の影響で日本でもウィーンのオペラ座やオーケストラはかなり身近なものとなりましたが、ウィーンの音楽と芸術は、ハプスブルク帝国時代のイメージを引きずりつつ、オーストリアをアピールするものとして重要な役割を果たしてきました。

その反面、一九八〇年代後半から国際的な批判を浴び、問題になった、オーストリアが第二次世界大戦で果たした役割とその責任については、この映画では全くふれられていません。映画の中で「どうして過去にばかり逃げるのですか？」という問いがありましたが、この「過去」とは、古き良き時代のハプスブルク帝国時代のはなやかなイメージだけで、直前の第二次世界大戦のことについては触れていません。この時代すでに、オーストリアはナチスに侵略された最初の犠牲者である、という「犠牲者神話」がなりたっていたはずなのですが、それにさえ触れていません。もちろん、ホロコーストに関わった責任問題については一言も触れられていません。そうした部分には触れることなく、音楽とハプスブルク帝国時代の華やかなイメージを強調することでオーストリアのアイデンティティーをなんとか保とうとしている、そんな焦りも感じられました。

※連合国との国家条約

さて、では交渉の結果ようやくまとまった国家条約とは、どのようなものだったのでしょうか。これまでの叙述に関連する条文を見てみることにします。

〈国家条約〉

第一条　この条約によりオーストリアは、主権を有する、独立した、民主主義の国となる。

第四条　ドイツとの合邦を禁止する。ドイツとの政治的あるいは経済的な同盟を促進するいかなる手段も禁止する。

第七条　スロベニア、クロアチア少数民族の権利を保護する。加えて、これらの少数民族は母国語で初等教育を受ける権利、公的な機関や道路標識などに母国語を用いる権利を有する。

第九条　ナチスの組織は解散する。

第二一条　連合国は、オーストリアに対し、一九三九年九月一日以降の戦後補償を課すことを放棄する。

第四条では、今後ドイツと同盟を組むことを固く禁止しています。連合国がそれほどまでに、ドイツとオーストリアの結束をおそれていたからです。ここでは、経済的な協力までもが禁じられています。とにかく、オーストリアをドイツから切り離したかったことがうかがえます。

第七条には、少し説明が必要です。オーストリアには、古くから国境を接するスロベニアやクロアチアから人々が流入し、オーストリア国内でコミュニティをつくって生活していました。ナチス・ドイツは、少数民族であったスロベニア人やクロアチア人の権利を剥奪し、財産を没収して強制収容所に送りました。そうした歴史から、オーストリア国内に住むスロベニア人とクロアチア人の権利を守るために設けられた条項です。ケルンテン州の道路標識は以前、スロベニア語とドイツ語で書かれていました。現在ケルンテン州の州知事である自由党のハイダー氏は、このスロベニア語の道路標識を取り外し、物議をかもしています。

第二一条では、オーストリアの戦後補償の責任が放棄されています。この条項があったために、戦後ながい間、オーストリアはホロコーストの被害者への補償を拒みつづけてきました。

※オーストリア共和国憲法法規（中立法）

一九五五年五月一五日に締結した国家条約を受けて、同年一〇月二六日に中立法が採択されました。これは憲法に準じる憲法法規です。

第一条（一）　オーストリアの独立を対外的に維持するため、そして領土不可侵のため、オーストリアは自らの意思で永世中立を宣言する。オーストリアは、これをいかなる手段を払っても、維持し、防御する。

（二）　上記の目的を果たすために、オーストリアは将来にわたって、いかなる軍事同盟にも加盟しない。また他国の軍事基地を領土内に置くことを禁止する。

オーストリアの中立は、押し付けられたものでなく、自分たちで選び取ったものなのだというこ とが強調されています。また、他国の軍事基地を領土内におかないことがこの憲法法規できちんと明示されています。同じアメリカの占領国であった日本には、多くのアメリカ軍基地がありますが、オーストリアには、アメリカはもとより他国の基地は一つもありません。この違いは、外交政策の違いに表れてきます。

「中立」という言葉ですが、オーストリアの政治家たちは軍事的な中立という意味に限定して考えていました。当時のラープ首相も「オーストリアの中立とは軍事的な中立を意味します。それはすなわち、経済的・文化的な面では制限がないということです」と語っています。事実、オーストリアはその年の一二月には国連に加盟し、翌一九五六年の四月には「西側」諸国からなるＥＣ（ヨーロッパ共同体）のメンバーにもなっています。

※国際機関の集まるウィーン

かつての多民族国家の中心であったウィーンは、古くから人々の出会いの場所でした。古くは一八一四年に「会議はおどる、されど進まず」で有名なウィーン会議も開催されました。一九六一年にケネディ米国大統領とフルシチョフ・ソ連首相が、米ソ首脳としてはじめて会合を持ったのもこのウィーンです。

現在は、国連をはじめとして重要な国際機関がウィーンに集中しています。国連の他にも石油輸出国機構（ＯＰＥＣ）の本部がドナウ運河沿いに、欧州安全保障協力機構（ＯＳＣＥ）の本部が王宮

ドナウ運河沿いに建つ石油輸出国機構（ＯＰＥＣ）の本部

（正確には王宮の一部、国立図書館の隣）とケルントナー・リンクにあります。

国連は、ニューヨーク、ジュネーブ、ケニアのナイロビ、そしてウィーンの四都市に本部がありますが、ウィーンの国連ビル群はウィーンの中心部から地下鉄で一五分、ドナウ川を越えたところにあります。地下鉄「国連センター」駅を降りると、変わったデザインの大きなビル群があるので、すぐに分かります。このデザインは上から見るとオリンピックの五輪のマークになっており、諸民族の協和を象徴しています。

国連ビルの受付では、「国連ガイドツアー」も案内しています。身分証明証を提示して申し込めば、誰でも参加できます（午前と午後の二回、英語かドイツ語のみ）。ウィーンに本部がある国連機関の簡単な説明や、建築の説明などを聞き

ホーフブルク（王宮）にある欧州安全保障協力機構（ＯＳＣＥ）の会議場

ながら、建物を一周します。ガラス張りの大会議場も、二階席から見ることができます。

現在、ウィーン国連ビルでは、世界百カ国以上から集まった四千人の職員が働いています。さまざまな国籍の人が出入りしているのが目につきます。オーストリア人の割合はそのうちの三分の一です。

ウィーンの国連ビルには――

●国連ウィーン本部

●麻薬統制犯罪防止オフィス（UNODCCP : United Nations Office for Drug Control and Crime Prevention）

●国連工業開発機関（UNIDO: United Nations Industrial Development Organization）

●国連ボランティア（UNV : United Nations Volunteer）

国連センタービル

●国際原子力機関（IAEA: International Atomic Energy）

●包括的核実験禁止条約準備委員会（CTBTO: Comprehensive Nuclear Test Ban Treaty Organization）

と、以上六つの事務局が置かれています。

※賃料は年八円、国連の誘致にかける熱意

一〇年にわたる連合国の占領から独立した直後の一九五六年、オーストリアは設立されたばかりの国際原子力機関（ＩＡＥＡ）の誘致に成功しました。一九六〇年代半ばになると、さらに積極的に国連の誘致をすすめました。

国連ビルが完成したのは一九七九年のことです。総工費八〇〇万ドル（当時）はオーストリアが負担しました。国連は、九九年間にわたり、

国連センタービルのエントランスに掲げられた加盟国の国旗

わずか年間の賃貸料一シリング（約八円）でこのビルを借りるという契約をしました。

これほどの投資をしてまで国連を誘致したのには、わけがあります。ハプスブルク帝国が崩壊し、小国となったオーストリアは、自ら国際社会に貢献していることをアピールしないと、どこも自分たちの国のことを心配してくれる国がないことを、ドイツとの併合の時に痛いほど知りました。冷戦の中では、東西のはざまに位置し、自国の経済だけでは、国を守ることも難しい状況でした。国際機関のホスト国となることで、中立のイメージを外にアピールすることができる、と考えたわけです。それに、国際会議がもたらす経済的メリットも少なくありません。国連があることで、毎年約四〇億シリング（二〇〇一年当時、約三二〇億円）が、オーストリア経済を潤してくれます。

※各国際機関のスタッフの話

通常の国連ガイドツアーでは、各機関についてはごく簡単に説明するだけですが、私は欧州平和大学に留学中、大学の研修ツアーで国連を訪問し、各機関の方々の話を聞く機会がありました。

▼国際原子力機関（ＩＡＥＡ）

北朝鮮の核開発問題やイラクの国連査察などでよくニュースに登場する国際原子力機関（ＩＡＥＡ）の本部はウィーンにあります。核の問題は政治的な色合いが濃いため、国連の専門機関ではなく、やや距離を置いた国際機関として位置づけられています。

一九五三年にアイゼンハワー米大統領が、国連総会で「平和のための原子力（Atoms for Peace）」と題する演説を行い、核戦争に発展する危機を回避する狙いから、原子力の平和利用を訴えました。そして、そのために必要な国際機関の設立を提唱し、一九五七年に発足したのがこのＩＡＥＡです。

こうした経緯から分かるように、ＩＡＥＡの目的は原子力の平和利用を促進すること、ＩＡＥＡを通じて提供された援助が軍事技術へ転換されないように監視することです。ここでは、原子力の安全利用のために安全基準や指針の策定や管理も行っています。

ＩＡＥＡの職員が、ひと通り機構の説明をしたあと、パレスチナの学生が声を荒げて、次のような質問をしました。

「イラクや北朝鮮にばかり目が行っているように見えますが、どうしてイスラエルの査察は行わないのですか？　ダブルスタンダード（二重基準）ではないですか！」

確かにイスラエルは核兵器の所有が公然の秘密となっていますが、公式には核兵器の所有について肯定も否定もせず、ＩＡＥＡの核査察も受け入れていません。しかし一九九一年の湾岸戦争当時も、チェイニー米国防長官（当時）は「イラクが化学兵器などで攻撃してくれば、イスラエルに核兵器による反撃を認める」との発言をしていました。

アメリカの意向が強く反映している政治的な問題で、国連からも距離を置いているＩＡＥＡで質問しても満足する答えが返ってこないはずなのですが、パレスチナの学生がＩＡＥＡの職員にかみついた気持ちもよくわかりました。

▼国連薬物統制計画（ＵＮＤＣＰ）

ここではアメリカ出身のスタッフの一人が、こう話してくれました。

「国連には、誰かが麻薬を売買している現場を差し押さえる権利はありません。ここは、各国の代表が集まって、麻薬に関する基準や政策を決定する場です。一九〇四年に、上海ではじめて麻薬に関する国際会議が開かれました。その後、一九四六年に国連に専門委員会が設置され、現在のＵＮＤＣＰの基盤となりました。

麻薬が一人の市民の手に渡るには実に多くの人間や組織や国と、巨額のお金がからんでいます。麻薬を減らすには時間がかかりますが、政策とそれを各国に広めるガイダンスがないと前にすすみません。

政策決定以外の国連のもう一つの役割は、一九七〇年に設立された基金の運営です。毎年約一億円の基金が集まります。これを主に発展途上国に分配し、国連で決めた政策実行のための援助金として使っています。中毒者の治療のためのトレーニングへの財政援助も行っています。これに関しては、日本のＮＧＯからも財政支援があります。

地下鉄「国連センター駅」の国連各機関の表示

発展途上国だけではなく、先進国でも麻薬問題は深刻です。麻薬は明らかに人間の健康を害します。暴力の温床となり、社会に与える害も深刻です。自分の存在意義の欠如、社会から疎外されているという感覚、それに加えて麻薬に対する正しい知識の欠如が、人を麻薬に手を出させてしまっています」

日本では、若者を中心に人気のある音楽プロデューサーの小室哲哉氏とそのグループが、薬物乱用防止キャンペーンソングを製作し、日本語を含む四カ国語によるＣＤを発売しました。このＣＤの売り上げによる収益金は、国連薬物統制計画（ＵＮＤＣＰ）および麻薬・覚せい剤乱用防止センターに寄付されることになっており、二〇〇二年一二月には、国連薬物統制計画（ＵＮＤＣＰ）のアルラッキ事務局長と小室氏による調印式が東京で行われました。

▼国際犯罪防止センター（Ｃ－ＣＰ）

イタリア出身のスタッフの話です。

「麻薬統制犯罪防止オフィス（ＵＮＯＤＣＣＰ）には、国連薬物統制計画と、国際犯罪防止センターの二つの機関が入っています。国連薬物統制計画が二〇〇人の職員で年間予算七〇〇〇万ドルあるのに対して、国際犯罪防止センターは二〇人の職員で年間予算は六〇〇万ドルと約一〇分の一です。一九九七年に設立され、犯罪防止のための国際協力の促進や、途上国に刑事司法制度を構築するために必要な技術援助を策定、実施しています」

このあと彼は、国連の理想と現実のギャップについて意見を聞かせてくれました。

「国連のリクルートについて少しお話しましょう。国連で働くには、法律や社会科学の総合的な知識に加えて、何かの専門分野に強いことが必要です。しかし、三年で契約が切れるとその後の職までは保障していません。予算の問題です。それが大きな問題になっています。何せ限られた人材、限られた予算でやっているのです。みなさんの中で国連のイメージは、どのようなものですか？ニューヨーク、ジュネーブ、ウィーン。大きくてきれいなビルディングですよね。実際は、国連は大きな官僚組織です。いくら政策をつくっても、それを実行するにはお金と人材が必要です」

▼包括的核実験禁止条約準備委員会（ＣＴＢＴＯ）

ここでは、次のような話を聞きました。

包括的核実験禁止条約（ＣＴＢＴ）は、地下核実験を含めて、核爆発を伴うあらゆる核実験を禁じる国際条約です。核兵器の新規開発や維持管理を困難にするために国連総会で一九九六年に採択されました。

一九四五年六月にアメリカが行った最初の核実験から、一九九六年九月にＣＴＢＴが採択されるまでの五一年間に、この地球上では二〇〇〇回以上の核実験が行われました。この間、一九六三年にＰＴＢＴ（部分的核実験禁止条約――空気中・宇宙・水中での核実験禁止、しかし地下核実験は禁止していない）が、アメリカ、ソ連、イギリスによって合意されました。また、一九五九年には南極大陸、一九六七年にはラテンアメリカとカリブ地域、一九八五年には南太平洋地域、一九九五年には東南アジア地域がそれぞれ、核兵器フリーゾーンを宣言しました。一九七〇年には、ＮＰＴ（核拡散防止条約）がつくられました。これは、核を持っていない国が新たに核兵器を開発し、持つことを禁じたものです。一方でそれまで核を持っていた国が核を持ち続けることは認められています。明らかな差別です。そうした状況の中でＣＴＢＴが採択されました。

ウィーンのＣＴＢＴＯ（一九九七年設立）では、一九九六年の会議に公式に参加した四四カ国すべてがこのＣＴＢＴを批准するように促しています。核保有五カ国と、インド、パキスタン、イスラエルなどを含むこの四四カ国が批准することが条約発効の条件ですが、アメリカ、中国など一二カ国が批准をしていません。インド、パキスタンと北朝鮮の三カ国は、批准はおろか署名もしていません。二〇〇四年四月の段階で一七一カ国が署名、一一一カ国が批准済みですが、発効に必要な四四カ国のうちでは四一カ国が署名、三二カ国が批准済みです。日本は一九九七年に批准をしています。

二〇〇一年七月のジェノバ・サミットでアメリカのブッシュ大統領が「ＣＴＢＴが死文化している」と主張するなど、これまでめざしていたＣＴＢＴの早期発効を妨げる動きもあります。

また、準備委員会では、条約発効後にきちんと条約が守られているかどうかを技術的に監視する準備をすすめています。日本にもＣＴＢＴモニタリング地点は点在しています。

世界中に一七〇の地震監視機（日本では長野県の松代、小笠原の父島、伊豆の八丈島、北海道の上川朝日、沖縄の国頭、大分にある）、八〇の放射性核種監視ステーション（空気中の放射能を測定する。沖縄と群馬県の高崎にある）、一六の放射性核種監視研究所（茨城県東海村にある）、六〇の微気圧振動監視ステーション（筑波にある）、そして水中音響監視ステーションが世界に二つあります。

人工衛星を使って二四時間、三六五日、常に監視ができるように準備をすすめています。しかしCTBTが発効しないことには意味がありません。早期のCTBT発効が望まれます。

▼国連ボランティア（UNV）

ここではガーナ出身のスタッフから話を聞くことができました。

国連ボランティアはドイツのボンに本部があります。UNDP（国連開発計画）の実行部隊として、一年間にのべ四〇〇〇人のボランティアが働いています。開発途上国では、ボランティアの活動は、地元の政府機関やNGOなどの協力を得ながら、まずは貧困の根本的な原因を模索することから始まります。そして現地の物資と人材を有効に使い、現地の住民たちを主体とした活動ができるように計画をたてて、実行します。

そのほか、経済・社会発展分野、ジェンダー、エイズ問題、コンピューターなどのスキルサポート、建物建設、選挙の監視、平和維持活動、カウンセリングなどの分野でも活動をしています。平和文化の土台もなく、明るい将来を考えることが難しいような状況で、人々に人権問題や平和について話をするという役割もあります。

基本的に給料は出ませんが、生活するためのお金は保証されています。期間は原則六カ月から二年間です。水や電気のないような非常に困難な場所で仕事をしなくてはいけません。このような条件ですが、ボランティアの応募は多く、経験のある専門家レベルでないと採用が難しい状況です。

国連ビルには、当然ですが、職員食堂もあります。とても広く、一〇〇〇人以上収容できるそうです。ただし通常のガイドツアーでは、セキュリティーの問題もあり、食堂で食事をすることはできません。私が欧州平和大学の研修で国連を訪問したときは、研修が午前午後にまたがっていたために昼食を食堂でとることができました。値段は安く、メインメニューは五〇シリング（二〇〇一年当時、約四〇〇円）、デザートと飲み物を入れても、五〇〇〜六〇〇円で足りました。味もなかなかで、インド風チキンカレーには、骨付きチキンが一本入っていて、ココナッツの香りと味もしました。ここは、世界各国の人が集まるところなので、宗教上の配慮や、ベジタリアンへの配慮などもきちんとされているようです。

＊

※クライスキー首相の時代

一九六〇年代から八〇年代にすすめられたオーストリアの積極的中立政策は、第二次大戦後のオーストリアで最も高名な政治家ブルーノ・クライスキー氏（Bruno Kreisky・首相在任一九七〇―八三年）と密接な関係があります。彼の力量によって、彼が外務大臣と首相であった期間に、オーストリアは東西の対話を促進する重要な役割を果たしたのです。

クライスキー氏は、一九一一年、ウィーンの裕福なユダヤ人の家庭に生まれました。法律と経済を大学で学びましたが、社会民主運動への参加がもとでゲシュタポにつかまり、五カ月間拘留され、その後、一九三八年にスウェーデンへの亡命を余儀なくされます。スウェーデンでは、消費者協同組合で働きながら、ヨーロッパのいくつかの新聞に記事を送りつづけます。さらにスウェーデン政府の委員会も組織しました。

戦後は一九五一年にウィーンに戻り、まもなく政府の内閣の補佐官となり、大統領への助言も行いました。外交政策で力を発揮し、連合国との国家条約の草案を書いたのもクライスキー氏です。一九五九年に外務大臣になり、一九六七年には社会党の党首となって、一九七〇年から首相を務めることになります。

クライスキー氏は、ナチの時代の前後をつなぐことができた数少ないオーストリア人の一人です。戦前も活動していた政治家であり、クライスキー氏の持つイメージは、オーストリアの古き良き時代——政治、文化の中心——を思い起こさせるものでした。彼が果たした東西の架け橋としての役割もまた、過去のハプスブルク帝国時代を想起させました。新聞の風刺画にも、彼はよくハプスブルク帝国の皇帝のように描かれたようです。

この時期のオーストリアは、冷戦中の東西間の対話を促進したばかりでなく、第三世界と先進国との間の話し合いも、オーストリアがイニシアティブをとりました。特筆すべきはパレスチナ問題でクライスキー氏が果たした役割と努力です。

一九六〇年代のはじめ、外務大臣としてクライスキー氏はアラブ諸国の政治家たちとの関係をつくりました。彼は、イスラエルとアラブ諸国の間での対話こそ、紛争を非暴力的で持続可能な状況に変えることができると信じていました。一九六九年のはじめ、イスラエル政府に対し、パレスチナの問題を解決しない限り中東に平和は訪れないことを説得しました。さらに、パレスチナ解放機構（ＰＬＯ）の指導者に対しても、暴力的な手段に出てもパレスチナ問題は解決しないということを説得しました。クライスキー氏は中東問題に両者の直接対話という方法を取り込み、前向きに一歩一歩進みました。後退や期待はずれも数多くありましたが、紛争を解決するために戦略的に正しい方法をクライスキー氏は知っており、それを実行に移す力がありました。

一九七〇年代に入り、クライスキー氏はさらに中東への介入を積極的に行いました。パレスチナの自治を支持するだけではなく、一九七九年には国連で、パレスチナ解放機構をパレスチナ国民の公式の代表として認めると宣言しました。一九八〇年三月、オーストリア政府は公式にパレスチナ解放機構を認め、パレスチナ解放機構はウィーンにオフィスを設立しました。

※第三世界への積極的な支援

オーストリアは第三世界の国々も支援しました。第三世界の国々の多くは、植民地からの独立の直後で、経済的・社会的にも多くの問題を抱えていました。クライスキー氏は経済、社会の発展のためには長期的な支援が必要であると考えました。一九六三年、外務大臣として彼は「新マーシャルプラン」を第三世界の国々へ導入することを提案しました。この提案や政治的イニシアティブによって、オーストリアは若い第三世界の国々の中で評価を高めていきました。

しかし、残念ながら提案を実行に移すための財政的な問題を解決することはできませんでした。西側諸国は「新マーシャルプラン」に手をつけることさえしなかったのです。国内でも「新マーシャルプラン」への多数の賛同を得られなかったために、オーストリアから資金を拠出することもできませんでした。

クライスキー氏は、第三世界における貧困は世界平和にとって脅威であると確信していました。そのため彼は、第三世界に対するアメリカの政策や態度をよく批判していました。

一九八三年、クライスキー氏は首相職を降ります。このときまでにオーストリアは、彼の絶え間ない努力で国際社会の中でイメージを高めていました。しかし、国内ではクライスキー氏を批判する声も少なからずありました。クライスキー氏の第三世界への肩入れは反アメリカ主義であり、中立ではない、ということが理由でした。小国オーストリアの利害を考えたときに、アメリカに対抗しつづけることは有利ではないという声が聞かれはじめました。一九八三年に行われた選挙で、クライスキー氏の社会党は議会での過半数を失いました。これにより「クライスキーの時代」は終わりを告げました。クライスキー氏が取り組んだ多くの課題——中東問題の平和的解決、第三世界への支援――は、この時点ではまだ十分な成果はあがっておらず、課題を残したままの政権交代となりました。

日本は戦後、対外的に平和憲法をアイデンティティーにしてきましたが、オーストリアも、積極的中立外交と国際的な評価がオーストリア国民にとってのアイデンティティーとなりました。また戦後、経済発展に成功し、先進国として認められたこともオーストリア人に自信をもたらしました。

※ベルリンの壁の崩壊とオーストリアへの影響

一九八九年一一月九日のベルリンの壁の崩壊と冷戦の終焉は、オーストリアの中立政策に大きな影響を与えました。オーストリアでは一九四五年以降、二つの顔が国のイメージを形づくってきました。一つは、「ナチスの犠牲者」としてのオーストリアであり、もう一つは「中立国」としてのオーストリアでした。この後者の中立政策が、冷戦の終結とともにガラガラと音をたてて崩れ去ってしまいました。

オーストリアの中立国としての役割は、時代遅れのものとなりました。つまり、冷戦中は、ヨーロッパの防衛計画は、相手陣営の脅威にどう対処するか、ということが基調となっていました。しかしその「脅威」が消えてしまうと、ヨーロッパの安全保障問題を根本から考え直す必要が出てきたのです。オーストリアの仲裁役としての役割も、必要がなくなってしまいました。

さらに、一九九〇―九一年の湾岸危機・湾岸戦争の時にはオーストリアの中立性が問題となりました。アメリカが、中立は西側諸国の団結に支障をきたすと考えたからです。ドイツに駐留するアメリカ軍の一部がサウジアラビアに移動する際、オーストリアの領土を通ることを許可するのか、しないのかが大きな議論となりました。この時点では戦闘は始まっておらず、オーストリアは中立には反しない、という判断でアメリカ軍の通過を許可しました。しかし、三カ月後、国連安保理事会が多国籍軍の武力行使を認めました。オーストリア内を通過したアメリカ軍が、軍事行動に参加する可能性が出てきたのです。この時も大きな議論を呼びましたが、国連の決議であれば中立に反しない、との結論をオーストリア政府は出しました。

オーストリアが「中立」の意味をより広く解釈して、他国と足並みをそろえようと努力したことにはわけがあります。中立を盾に国際社会に貢献しないと、オーストリアが孤立してしまうという危機感があったからです。オーストリアは、国連に加盟した当時から、コンゴ、キプロス、中東などの平和維持活動に、軍事オブザーバー、文民警察官、各種分野の専門家など多くのオーストリア人を送り込んできました。平和維持活動に参加することで国際社会への貢献を示してきたのですが、中立の意味が薄れてからは、よりその姿勢を強く出す必要があったのでした。

オーストリアは軍事同盟に属さず、国内に外国軍隊の駐留も認めていません。二〇〇三年のイラク戦争では、オーストリアの領内、領空をイラク戦争に関わる航空機が通過することを認めませんでした。また、いかなる軍事作戦にも参加しませんでした。

一方、ブリュッセルのEU本部では、オーストリアの中立性はヨーロッパの統合へのプロセスの中で障害になる、とコメントしています。オーストリアもこうした国際社会の変化をとらえ、二〇〇一年「安全保障・防衛ドクトリン」を発表しました。それには、EUの中ではオーストリアにとって永世中立は意味がない、と述べられ、フィンランドやスウェーデンと同じように非同盟と見なされるべきだ、と書かれています。国民の間では、まだ中立を好む人が多く、政治家も外に対しては中立破棄、内に対しては中立維持のコメントをするケースも見られます。ともあれ、中立を破棄してNATOに加盟する日が五年後、あるいは一〇年後に来るかも知れないと考えているオーストリア人は少なくありません。

III

オーストリアに見る「過去の克服」

ウィーン西方、マウトハウゼン強制収容所のガイドブック表紙

※脱ナチと戦争犯罪

一九五五年の国家条約によって、ナチスや、それに似た組織はすべて禁止されました。しかし、政治や社会のさまざまな場面で、その痕跡は残りました。第二次世界大戦中にナチスに加わっていた政治家、弁護士、教授、医師などの多くは、その地位を追われることなく戦後も同じポストにとどまりました。これに対して非難する人々は多くはありませんでした。

社会党（当時）や国民党だけでなく共産党さえも、元ナチスの票を無視することはできませんでした。第二次世界大戦中、若者から老人まで、ナチスにかかわった人があまりにも多かったために、政府は元ナチスの登録者を処罰の対象として社会から遠ざけておくよりも、早く社会の一員として復帰させ、新生オーストリアの社会と経済を復興したいと考えていたのです。そこで、重罪者（Die Grossen）と軽罪者（Die Kleinen）とに分けて、ほとんどの人が軽罪者であったとして恩赦を受けることができるようにしました。そして重罪者のみを処刑することで、ナチスの問題は片付いた、として幕を下ろそうとしたのです。

具体的には、元ナチス登録者の九〇%、五〇万人あまりは一九四八年の恩赦法によって何の問題もなく社会に復帰していきました。残りの四万二千人あまりもその後の七年間の間に社会に復帰しました。

※"みそぎ"としての「大物ナチ」の有罪判決

実際に裁判にかけられたのは二万三千人、そのうちの一万三千六百人が有罪の判決を受け、三四人が終身刑、四三人が死刑となりました。この死刑四三人という数字は、デンマークで同じく戦争犯罪の裁判にかけられて死刑になった人の数とほぼ同じです。デンマークは、ドイツに侵攻されたときにすぐに降伏し、実際に戦場に兵士を送りこんで戦ってはいません。ナチス・ドイツの一部としてホロコーストに加わり、多くの兵士が戦闘に参加したオーストリアで、ドイツに占領されユダヤ人を逃す努力もしていたデンマークと、ほぼ同じ数の死刑判決しか出ていないのです。

ちなみに、ナチスによって仕事を奪われてしまった人たちを支援する法律は、一九四八年のナチ関係者に対する恩赦法から一三年もたった一九六一年になってようやくできました。このことだけを見ても、被害者救済よりも、国民の三割を占めたナチス参加者を社会に復帰させることがいかに重視されていたかがわかります。

一方、社会の風潮も、元ナチスを受け入れることに寛容で、逆にナチスに抵抗していた人々に対しては、「裏切り者」と冷たい目を向けていました。オーストリア抵抗資料館の歴史家は次のように述べています。

「これほど不思議なことはない。戦後初の内閣で総理大臣を務めたのは、ナチスに抵抗していた共産党や抵抗運動者ではなく、一九三八年のドイツとの合邦を温かく迎えた社会主義者のカール・レンナー氏だったのだ。他の解放された国々と違って、オーストリアでは、ナチスへの抵抗者は戦後も社会に歓迎されなかった。それとは対照的に、各党は選挙での得票率を上げるために、元ナチスの人々を重要視していたのである」

元ナチスの人々は、オーストリア自由党の前身であるＶｄＵという政党を一九四九年に結成しました。ＶｄＵは一九五〇年代の選挙では常に一一％以上の票を獲得していました。ただし、すべての元ナチスがＶｄＵに参加していたわけではありません。社会党や国民党という二大政党の中にも元ナチスや彼らを容認していた政治家は少なくありませんでした。

ブルーノ・クライスキー首相でさえ、右翼グループを完全に取り締まることを禁じていました。厳しく取り締まることで、右翼グループが地下に潜ることを恐れたためです。むしろある程度は容認して、民主主義のために経済発展に貢献してもらった方がましだ、と考えたのでした。クライスキー首相は、自由党と連立政権を組んだときに、自分の内閣に五人の元ナチ高官を入れたことでも知られています。

オーストリアが第二次世界大戦の歴史を長期にわたって閉じこめることに成功してきた理由の一つは、戦争犯罪を十分に裁ききれなかったこと、ナチスにかかわった人が政治の世界に戻り、またそれを受け入れる社会の空気があったからでした。強い影響力をもつ人々は当然、自分たちの不愉快な過去についてわざわざ明らかにすることは好まなかったのです。

※ワルトハイム事件

一九八〇年代後半、オーストリアは「ワルトハイム事件」と呼ばれる出来事によって震撼させられます。一九八六年の大統領選挙キャンペーン中に、候補者のワルトハイム氏が過去にナチスに関わっていたことが暴露されたのです。ワルトハイム氏は国連の事務総長を一〇年間も務めた人物で国民の信望も厚かっただけに、そのショックは大きいものでした。それでも、激しい国際非難の中で、ワルトハイム氏はオーストリアの国民によって大統領に選ばれました。

第二次世界大戦中、ワルトハイム氏はナチスの将校として戦争に参加しました。一九八六年の大統領選挙の際にマスコミ関係者に伝えられた彼の経歴は、

「東方の前線にて負傷。オーストリアに戻り、大学にて法学の勉強を続ける。一九四四年に法学博士となる」

となっています。しかし、次の事実が抜け落ちていました。

「一九四一年一二月、東方の前線にて負傷。前線の任務を免除され、一九四二年四月にバルカン半島での任務につく。一九四二年の夏、ギリシャにて通訳として配置される。一九四三年から陸軍E団の副作戦将校となる。休暇帰省中に法律の勉強を続け、一九四四年に法学博士を取得。その後、

陸軍E団に戻り、任務を続ける。一九四五年五月にオーストリアに帰国する」

陸軍E団というのは、残忍冷酷で有名なオーストリアの軍司令官アレキサンダー・レアが指揮をとっていた軍団です。彼は一九四七年、戦争犯罪人として処刑されました。ワルトハイム氏は、この陸軍E団に属していながら、残虐行為には個人的にはかかわっておらず、目撃したこともないと主張しました。しかし、彼の主張は、激しい非難を抑えるには不十分でした。

ワルトハイム氏は戦後、社会に復帰し、外交分野で活躍します。一九七一年、国連の事務総長に選ばれ、一〇年間その職を務めました。その後、一九八五年、オーストリア国民党から大統領選に立候補します。一九八六年三月、オーストリアの週刊誌『プロフィール』にはじめて、ワルトハイム氏がナチスにかかわっていた経歴が詳しく紹介されました。これに対して、ワルトハイム氏は、ユダヤ人などの移送やゲリラとの応酬、ドイツ軍が撤退するときに村を焼き払ったことについても全く知らなかったと主張しました。

※「義務を果たしただけ」という発言

一九八六年の大統領選挙中、ワルトハイム氏は、過去の戦争についてもはや罪の意識を持ちつづける必要はないのだと開き直った態度を示しました。そんなワルトハイム氏に同情し、彼の発言を支持する国民も少なくありませんでした。彼の存在は、オーストリア国民にとって一種のシンボルとなりました。ワルトハイム氏を戦争犯罪者として見ていたのではなく、自分たちの罪悪感を正当化してくれるリーダーとして見るオーストリア人もいました。事実、ワルトハイム氏は、自分の発言がオーストリア国民の中で許容されることを確信していたのです。

ワルトハイム氏は、オーストリアのラジオＯＲＦの中で次のように話しました。

「他の多くのオーストリア人と同じように、私は私の義務を果たしただけです」

ナチスに加わったわけではない。ナチスに抵抗したわけでもない。ただたんに、当時、義務とされたことを果たしただけだ、との趣旨です。投票日の直前に、彼はこんな発言も行いました。

「良心の呵責はない。戦時中に私がやったことは、何十万人ものオーストリア兵士がやったことと同じなのです。すなわち、一人の兵士として悲劇的な戦争を経験したということです。それが、私の行ったことのすべてです」

彼はまた、当時は自由な意思決定ができたわけではないので、ナチスの考え方に賛同して戦争に参加したわけでも、軍隊の狂信者であったわけでもない、とも述べました。

選挙キャンペーン中の国際的な非難は、逆にオーストリア内の結束を固める結果になりました。ワルトハイム氏を批判するオーストリア人もいましたが、一方で「自分たちの大統領は、自分たちで選ぶ」という声とともに、ワルトハイム氏を擁護する動きも強くなりました。

一九八六年の選挙の結果は次のようになりました。

第一回投票（投票率八九・五％）

ワルトハイム（国民党）　四九・七％

シュテイラー（社会党）　四三・七％

シリニチ（自由党）　一・二％

マイスナーブラウ（緑の党）五・五％

決選投票（投票率八七・二％）

ワルトハイム　五三・九％

シュテイラー　四六・一％

※国際的批判とワルトハイム氏の謝罪

ワルトハイム氏は過半数の国民の支持を得て、大統領に選出されました。しかし、世界ユダヤ人評議会などから、ワルトハイム氏の態度、また彼を選出したオーストリアという国全体が非難を浴びました。それは、このオーストリアという国で、過去への自己批判が欠落しており、それを正当化していることに対しての明らかな批判でした。ワルトハイム大統領は、国際社会で孤立することになりました。最も象徴的だったのは、一九八七年四月、アメリカが彼の名前を「ウォッチリスト」に加え、アメリカへの入国ビザが拒否されたことでした。

オーストリア国民はさすがにショックを隠しきれませんでした。しかし、この激しい国際的な非難の中で、オーストリア国民は自分たちが過去の清算を十分にやっていないことに、逆に気づくことになります。これは苦い教訓でした。政府は公の場で、オーストリアにおけるナチスの過去について議論をはじめることになりました。これまで、あまりにも長い間にわたって無視しつづけてきた「過去」に取り組む努力を始めたのです。

最終的に、遅すぎたとは言われていますが、ワルトハイム氏は一九八八年三月一一日、ドイツとの合邦の五〇周年記念日の前々日に謝罪をしました。ワルトハイム氏は、ホロコーストは世界の歴史の中でも最大級の悲劇であったことを認め、オーストリアがそれに加担したこと、またヒトラーを歓迎して迎えた事実を認めました。

「何十万人ものオーストリア人がドイツとの合邦を歓迎し、ヒトラーとその自国占領に心躍らせ、間違った望みを抱いていたことは事実です」

そして市民や抵抗運動者を含む被害者を追悼し、こう謝罪しました。

「オーストリア人の中には被害者もいましたが、同時に加害者もいたのです。これは受け入れなければいけない事実です。オーストリアは、ナチス侵攻の最初の犠牲者です。しかし、私たちがナチスと全く関係ないのだという考えは棄てなければいけません。オーストリア共和国の大統領として、私はオーストリア人が加担したナチスの犯罪に対して謝罪をしたいと思います」

戦後、オーストリア人は、あいまいなグレーゾーンの中に生きてきました。表面的には、自分たちとナチスを切り離し、ナチスのホロコーストを批判してきました。犠牲者神話の中に生きることで、オーストリアの責任問題を他に転嫁することができたからです。しかし、心のどこかでナチズムや反ユダヤ主義に共感していたオーストリア人も少なくはありませんでした。ハプスブルク帝国時代から続いていたユダヤ人への嫌悪感は、「文化の一部」であるとさえ言われていました。ワルトハイム事件によってはじめて、この潜在していた意識が表面に浮かび上がることとなりました。

※変わりはじめた歴史教育

学校での歴史教育は、その時代の歴史認識を反映しています。その時代、人々の中で広く受け入れられている歴史理解が、学校で教えられることになるからです。

オーストリアでは、一九八〇年代はじめまで、第二次世界大戦の歴史について学校で教えることはほとんどありませんでした。第二次世界大戦までいかずに、一九三〇年代の前半までで授業が終わってしまうこともありました。たとえ、第二次世界大戦を授業で教えたとしても、内容は、オーストリアはナチスの被害者であり、オーストリアがホロコーストにかかわった責任については何も触れられていませんでした。これは、教師がこの時代の歴史を教えることに抵抗があったからです。教師自身、子どもたちの親や祖父母がかかわっていた戦争について議論することは難しいことでした。

この状態は、一九八〇年代に変わります。新しくできた「市民教育」の科目で少しずつ取り扱われるようになりました。「市民教育」の科目は、歴史の時間よりも教師の自由度が大きかったからです。第二次世界大戦中、オーストリアでは何が起きたのかを取り上げる教師が増えてきました。しかし、それでもなお、ホロコーストについてはほとんど触れることがありませんでした。むしろ、戦時中「オーストリアの自由のために闘った」とされる政治犯について教えられることがほとんどでした。一九八六年のワルトハイム事件後はじめて、オーストリアの戦時中の役割について触れることのタブーがなくなったのです。

オーストリアの歴史教科書は、一九七〇年代までほとんど議論されることなく、学校で使われてきました。近藤孝弘氏の『自国史の行方』（名古屋大学出版会、二〇〇一年）によると、一九七〇年代までの教科書では、次のような二つの問題を含む記述がありました。

一つは、ファシズムの原因は第一次世界大戦後の経済的、社会的、政治的危機から起こったものであり、これはオーストリアだけでなくヨーロッパ全体で共通する傾向であったと書かれていたことです。これは事実ではありますが、そう書いてしまうことによってオーストリアのファシスト政権の責任があいまいになってしまいます。

もう一つは、歴史的事実について、それがすべて一人の人物によって行われたものだと書かれていたことです。例えば、一九三八年のドイツとの合邦前のオーストロ・ファシズム体制はドルフス首相一人によって作られたものであり、その後はヒトラーがすべてをコントロールしていた、というように書かれています。このように書くことで、責任は狂信的なリーダー一人にあり、国民はそれについていかざるを得なかったのだと正当化できてしまいます。実際は、オーストリア国民の多くがオーストロ・ファシズムやヒトラーを支持していたのです。

この問題の多い記述は、一九八〇年代の後半にはなくなりました。一九八六年のワルトハイム事件に対する国際的な非難と、一九八八年に行われた合邦五〇周年記念式典、それにともなうたくさんのイベントの中で、歴史教育の立場が変わったためです。新しい教科書では、オーストリアとファシズムの関係はより明らかになりました。多くのオーストリア国民がナチ組織に参加していた事実も、記載されるようになりました。

※政府の努力と教師の世代交代

さらに一九八〇年代後半までに、政府は歴史教育に貢献するさまざまな取り組みをはじめました。マウトハウゼン強制収容所の映画の作成や、ユダヤ人の歴史と文化を教科書に記載することも行いました。一九八二年から八六年にかけて、五つのネオ・ナチの団体と、彼らによって計画されていた三〇のイベントを禁止させました。

教育・科学・文化省では、ナチス時代とホロコーストについて教育の指針を書いた小冊子を作成し、学校に配布しました。また、マウトハウゼン強制収容所やユダヤ博物館への社会見学を実施するようにも呼びかけました。一九八五年にネオ・ナチグループがウィーン郊外の学校とユースセンターで反ユダヤ主義を訴えるチラシを配り始めたとき、議会はユダヤ人コミュニティからの要望にこたえ、これらの活動を禁止する法律を作りました。

一方、一九八〇年代後半から、若い世代が教壇に立つようになりました。戦争の話題に触れることを拒んでいた古い世代の教師たちは、学校を去っていきました。一九八八年、ドイツとの合邦五〇周年にあたる年、歴史と市民教育の科目の中で、多くの教師は生徒たちと特別プロジェクトを行いました。それは「自分たちの村や家族では、戦争中、どんなことが起きていたのだろう」というようなテーマで取り組まれました。このときになってはじめて、生徒たちは戦争の時代はとても複雑な時代であり、おじいさんたちがどうして話をしたがらなかったのかに気づくことになりました。

しかし一方、オーストリアがホロコーストに関わっていたという多くの事実が明らかになるにつれて、逆にこの問題に取り組むことに難色を示す生徒も出てきました。というのは、おじいさんがSS（ナチス親衛隊）のメンバーであることを知ることや、無実の人を殺していたという事実を直視することになり、不快感と責任を感じざるを得なかったからです。

※日本とオーストリア――教育指針の比較

二〇〇〇年五月に出されたオーストリアの前期中等教育（一〇歳から一四歳にあたる）の教育課程基準では、教育の目的を次のように掲げています（近藤孝弘著『歴史教育と教科書』岩波ブックレットより抜粋）。

「普通教育学校は、知識の獲得と能力の開発、そして価値の伝達につとめるものであり、その際には自立的かつ批判的な思考が特に促されることになる。（中略）普通教育学校での授業は、人権を守る義務を負った民主主義に積極的に貢献しなければならない。自ら判断し、批判し、決定し、行動する能力を育むことが、多元的で民主主義的な社会の安定にとって決定的に重要である。生徒たちは、ますます国際化する社会のなかで、世界に対する開放性を教えられなければならない」

これを日本の学習指導要領と比べてみると、その違いがよくわかります。中学校用学習指導要領「社会」の歴史分野のところにはこう書かれています。

「歴史的事象に対する関心を高め、我が国の歴史の大きな流れと各時代の特色を世界の歴史を背景に理解させ、それを通して我が国の文化と伝統を広い視野に立って考えさせるとともに、我が国の歴史に対する愛情を深め、国民としての自覚を育てる」

自分の国の歴史に対する愛情を深めるために、歴史を学ぶのでしょうか。それでは、過去の記憶

「パラシュートの崖」の上から見たマウトハウゼンの周辺。「死の階段も中央右に見える。

の封じこめ路線を転換することはできません。オーストリアでは、少なくとも政府レベルで、「多元的で民主主義的な社会の安定」が歴史を含めた教育の目的であるとしています。そのためには、苦い部分も含めて歴史を知り、二度と過ちを繰り返さないためには、自分自身で判断し、さらに行動できる人材を育てようとしています。この政府の方針が、学校の現場で生かされていけば、オーストリアの平和教育の未来は明るいものになるでしょう。

※マウトハウゼン強制収容所

マウトハウゼンは、ウィーンから西へ約二時間、工業都市リンツの近くにあります。

第二次世界大戦中、ドイツの一部となっていたオーストリアで、ナチスの強制収容所の本部とし

「パラシュートの崖」この崖からナチス親衛隊員は囚人たちを突き落とした。

ての役割を果たしていました。延べ二〇万人が収容され、五八％にあたる一〇万人以上の人が亡くなりました。

戦後長い間、マウトハウゼン強制収容所跡は閉鎖されていました。しかし、オーストリア政府が歴史教育に関する政策を変え、博物館として一般に公開しました。現在ではオーストリア国内からだけではなく、イタリアやドイツなど近隣の国からも、学校の社会見学の一環として見学に訪れる子どもたちが後を絶ちません。

マウトハウゼン強制収容所の近くは、なだらかな丘や草原が広がり、鳥の声が聞こえるとても平和な場所です。しかし、収容所の中では、高度にシステム化されたナチスの規律の中で、個人としての意思を完全に無視された形での生活を送らなければなりませんでした。

強制収容所に連れてこられた囚人たちは、完全に孤立させられ、名前の代わりに囚人番号が与えられました。囚人の左胸には、色のついた三角形の布が縫いつけられ、政治犯、刑事犯、ソビエト兵捕虜、ユダヤ人などの区別がつくようになっていました。

ナチスは、これらのグループごとに対応を変えていました。その目的は、収容所内に一定の社会秩序を作り、大きな暴動が起きないようにするためでした。

ナチスは囚人を労働力として利用していました。一九三九年までは強制収容所の建設、その後は採石場で働かせました。一九四三年からはさらに、オーストリア内の軍需産業の労働力として工場で働かせました。

夏の起床時間は四時四五分。午前中の労働は六時から正午まで、一時間の休憩時間（行進と点呼を含む）の後、午後一時から七時までまた働かされました。軍需産業の工場では日曜日も働かされることもありました。冬の起床時間は一時間遅くなりますが、それでも六時前でした。オーストリアの冬は日本に比べて日照時間が短く、とても寒いのです。

それぞれの場所について少し詳しく見てみます。

▼採石場の階段「死の階段」

囚人は、一八六段の石でつくられた階段を、五〇キロもある重たい石を持って行進しながら、登らなければいけませんでした。一九四二年の夏に階段は修理されましたが、それ以前は不揃いの石

50キロの石をかついで「死の階段」を登る囚人たち。1942年夏、ナチス親衛隊撮影（写真提供：オーストリア抵抗資料館）

「死の階段」を降りてくる社会見学の子どもたち

がランダムに置かれていただけで、非常に歩きにくいものでした。現在でも、段差がせまくてとても登りにくい階段です。何千人もの囚人が、石を落としてＳＳに撃たれ、または石の下敷きになって亡くなりました。

▼パラシュートの崖

囚人が崖の上から、ＳＳによって突き落とされた場所です。オランダのユダヤ人囚人は全員この方法で殺されました。次々と落ちる囚人の姿から、パラシュートの崖と名づけられました。

▼点呼場

入り口ゲートをくぐったところに点呼場があります。一九四三年の夏までは一日三回、それ以後は一日二回点呼が行われていました。公開処刑もここで行われました。

▼死のバラック

点呼が行われた広場

一九四三年の三月までは病気の囚人が収容されていたバラックです。一九四四年四月から一九四五年二月まで、ソビエト軍の捕虜たち四三〇〇人が、ここで「K」囚人として、囚人番号も名前もなく、ひどい扱いで収容されていました。「K」はKugel（ドイツ語で球、つまり弾丸の意味）で、首に弾丸を撃ち込まれる予定になっている、ということでした。しかし、ほとんどのK囚人は飢えで死んでいきました。一九四五年二月二日、この中の五〇〇人の囚人が脱走を試みましたが、ほんの少数を除いてまた捕らえられ、即座に殺されました。

その後、二月一六日の夜、ソビエト軍司令官カルヴィシェフを含む少なくとも二〇〇人の囚人が、屋外に立たされ、水攻めの拷問にあいます。一月から二月にかけては、オーストリアでは夜になる

焼却炉

とマイナス一〇度から二〇度まで下がることもあります。この夜、水責めの刑の処せられたソビエト軍の捕虜たちのうち、生き残ることができたものはいませんでした。敷地内には、戦後建てられた、司令官カルヴィシェフのモニュメントもあります。

▼焼却炉

マウトハウゼン強制収容所には三つの死体焼却炉がありました。病人用のバラックの地下、処刑場の角、収容檻の地下の三つです。死体から金歯を取るための部屋が一つ、焼却炉の横に併設されています。

▼ガス室

シャワールームのようにカモフラージュされているガス室が、病人用バラックの地下にあります。このガス室はＳＳ専属の医師が管理していました。

シャワールームのようにカモフラージュされたガス室跡

SSのマルチン・ルスの証言によると、最初の犠牲者は一九四二年の春、チクロンBガスによって殺されました。最後にガス室が使われたのは一九四五年四月二八日のことですから、約三年間にわたって使われていたことになります。その翌日、ドイツ軍は証拠を消すために、ガスの容器、パイプ、空気を送り込む装置などをすべて取りはずして捨てました。しかしガス室はそのままの形で残っています。ガス室の横には、金歯などを抜き取る台を置いた部屋があります。

▼収容所の壁と監視塔

収容所は、有刺鉄線で囲まれ、そこには常に三八〇ボルトの電流が流されていました。監視塔には武装したガードマンが常駐しており、夜間は収容所の周りが、サーチライトによって照らされていました。囚人が逃げ出すことはとうてい不可能

収容所の監視塔と有刺鉄線

なことでした。

※マウトハウゼン強制収容所の歴史

マウトハウゼン強制収容所の歴史は、一九三八年にナチス・ドイツのオーストリア併合の直後からはじまります。ＳＳはオーストリアを占領した数週間後に、マウトハウゼンが強制収容所に適している場所だと判断しました。

その年の八月はじめ、南ドイツのミュンヘン近郊のダッハウ強制収容所からつれてこられた囚人たちによって、マウトハウゼン強制収容所の建設がはじまりました。強制収容所の建設もすべて、囚人たちにやらせました。マウトハウゼン強制収容所はまた、オーストリアにある四九の付属強制収容所と、短期的に存在した（数週間だけだったものもある）強制収容所の本部としての役割を果た

亡くなったイタリア人のプレート。国ごとにプレートを飾ったモニュメント群がある。

していました。一九三八年八月から、一九四五年五月五日の解放日までに、マウトハウゼン強制収容所には、ヨーロッパ内外から連れてこられた約二〇万人の囚人がとらわれていました。

一九三八年の時点では、マウトハウゼン強制収容所の囚人のほとんどはオーストリアやドイツの刑事犯罪者でした。翌年から、ナチスによって「社会に害がある」とされた人々が次々と収容されるようになりました。翌三九年にはチェコスロバキアから若い共産主義者、ドイツとオーストリアからは六〇〇人の政治犯、さらに一〇〇〇人以上の刑事犯罪者も収容されました。

政治犯と呼ばれた人たちは、ナチスにとって危険であると考えられた民主主義的な考えの持ち主や、抵抗運動をした人、また社会に影響を与えるであろう知識階級（大学の教授や芸術家など）で

1945年５月、解放直後のマウトハウゼン強制収容所
（写真提供：オーストリア抵抗資料館）

した。社会的にリーダーシップがとれると考えられた人たちは、ナチスによりすべて「危険分子」扱いされました。

一九四〇年には、子どもや青年を含む何千人ものポーランド人、スペイン人が到着しました。一九四一年にはポーランドやチェコの芸術家や知識人、牧師などが到着しました。また、オランダのユダヤ人、ユーゴスラビア人、ソ連人なども到着しました。一九四二年から四四年の間は、フランス、ベルギー、オランダ、オーストリア、ギリシャ、アルバニア、ポーランド、ソビエト連邦、イタリア、ハンガリー、ドイツなどから、政治犯とみなされた人々が連行されました。一九四五年には、ドイツやその他の強制収容所から二万人あまりもの人々が移送されてきました。同時に何千人ものハンガリーの市民（そのほとんどがユダヤ人）も到着しました。

戦争末期、それほど大きくないこの敷地内には、子どもを含む八万一千人もの囚人が収容されていました。一九四五年四月末から五月はじめにかけ、戦争が終わりに近いことを知ったナチス親衛隊ＳＳはガス室などを壊し、収容所から撤退しました。五月五日、アメリカ軍の兵士が収容所に入り、囚人を解放しました。

※引き延ばされたホロコースト被害者への補償

一九八〇年の後半まで、オーストリアでユダヤ人の財産の問題を語ることはタブー視されていました。というのは、少なく見積もっても、当時のウィーン市民の半分以上は、ユダヤ人を追放したことによって、直接的あるいは間接的に経済的な利益を得ていたからです。

二〇〇三年一月二四日に、国に提出されたオーストリア共和国歴史家委員会の最終報告では、次のような数字が示されています。

「一九三八年三月の時点でオーストリアにいたユダヤ人は、二〇万一〇〇〇人から二一万四〇〇〇人であった。一九三八年四月二六日の法令によって、ユダヤ人は五〇〇〇ドイツライヒマルクを超えた資産を、国に登録するよう義務づけられた。その総額は、一八億から二九億ドイツライヒマルクに及んだ。

一九四〇年に銀行を除いた二万五四四〇の会社や商店のうち七五％が整理された。一四〇の私銀行のうち、一〇〇がユダヤ人のものあった。このうち、八つがアーリア化(ユダヤ人から没収し、〝アーリア人〟の手に移す)、その他はすべて整理された。

一九三八年三月から三九年五月までの一四カ月間に、ユダヤ人の住宅四万四〇〇〇戸（ウィーンのみ）がアーリア化された。一九四五年までに総計五万九〇〇〇戸がアーリア化された。

一九三八年八月一〇日に、ユダヤ人の車一七〇〇台が没収された。

ユダヤ人対象の資産税の割合が、一九三九年一〇月に二〇％から二五％に引き上げられた。資産税だけで、オーストリア全体で一億四七三〇万ドイツライヒマルク、ウィーンとその近郊だけで一億四三〇〇万ドイツライヒマルクを徴収した。

さらに、強制収容所への連行をふくめて、ユダヤ人がドイツ帝国内（当然オーストリアも含まれる）から去る時は、一九三八年にナチスに登録した資産の二五％を払う義務が課せられていた。これにより三九六六万ドイツライヒマルクを徴収した。その他にもパスポート代、移民代、社会適応費などが徴収された。

また、ユダヤ人協会などの組織を整理して、二億三六〇〇万ないし二億五三〇〇万ドイツライヒマルクを没収した。

強制労働で得た利益は正確には算定できない」

このようにユダヤ人は、アパートから撤去させられ、強制的に連行されました。そのとき、持っていくことを許されたのは、わずか三〇ドイツライヒマルクだけでした。親衛隊ＳＳとドイツ軍は追放したユダヤ人のアパートや家にあったものすべてを押収しました。家具や絵画などは、とても安い値段で市場に出回りました。オーストリアにおいてナチスのこと、あるいはユダヤ人迫害とその財産問題について語ることがタブーであった理由の一つはここにあります。

戦後の影響力の強かった政治家たちも、ほとんどみな、このユダヤ人への補償の義務について否定してきました。一九五二年の国会では、社会党の質問に答えて、財務大臣のラインハルト・カミッツは次のように語っています。

「補償をするなどということは問題外です。オーストリアは、誰にも損害を与えていないわけですから、弁償する義務はないわけです。もし、オーストリア国民がそのような損害を与えることをしたのであれば、それはオーストリア国民として行ったわけではなく、当時の政治的圧力によってやらざるを得なかったためです」

このような立場を原則としてとっていたために、オーストリア政府はナチスによる被害者（ただし、主に政治犯として強制収容所へ送られたオーストリア人のことであり、ユダヤ人などは含まれていない）への補償のみを支払う法律を一九五〇年にようやく定めました（戦争被害者を保護する法律）。

一方で、元兵士の多くは戦後すぐに軍人恩給を政府から受け取っていました。これは、元軍人たちが戦後の社会でも重要な役割を占めていて、彼らの力を無視することができなかったためです。弱い立場にいる被害者たちへの補償はずるずると引き延ばされていきました。ユダヤ人、ロマ、シンティー、強制労働者については、国民の記憶の中から薄れていきました。

戦後も半世紀たった一九九四年になってはじめて、オーストリアの大統領がイスラエルを訪れたときに、第二次世界大戦へのオーストリアの関与について公式に謝罪をしたのでした。

❊ユダヤ人財産没収の補償基金

一九九〇年代も後半になり、ドイツの企業に対して戦時中の補償問題が取りざたされるようになりました。オーストリアも例外ではありません。オーストリアの企業と銀行を相手取り、戦争中に略奪された財産の返還を求める裁判が、ユダヤ人の告訴によってはじまりました。オーストリア政府は、それまでオーストリアが一九三八年から四五年まで存在していなかったことを理由に、この問題について何の手も打ってきませんでした。一九五五年に連合国との間で結ばれた国家条約の二一条にも、確かにそのことは記載されていたからです。

しかし、その言いわけは世界でもはや通用しなくなりました。オーストリア政府は一九九八年、イギリス人の歴史家ロバート・ナイトを含む国際的な歴史家委員会を設置し、ユダヤ人の財産問題と強制労働問題について調査をすすめることにしました。

さらに二〇〇一年には、ナチスの迫害のためにオーストリアから海外へ避難せざるを得なかった人々、またオーストリア国内でナチス政権により被害をこうむった人々のための総合補償基金が設立されました。この基金には二億一〇〇〇万ドル（当時のレートで約二二七億円）の資金が投入されました。補償の範囲は幅広く、売却された企業、返されなかった不動産、預金、株式、職業・教育上の損害なども含まれています。一定の条件が満たされれば、オーストリア共和国が現在保有する土地の返却の申請も可能となりました。

ポーランド人の強制労働者が働いていたオーストリア企業だけでも三〇〇社以上もあったといわれる、中欧・東欧の強制労働者に対する補償問題も存在していました。二〇〇〇年に、オーストリ

戦時中のゼーグロッテ。製造過程の戦闘機と労働者（ポストカード）

ア政府は中欧・東欧諸国（ベラルーシ、チェコ、ハンガリー、ポーランド、ウクライナ）並びにアメリカと補償問題の交渉を行い、合意に達しました。オーストリアの政府と経済界はナチス時代の強制労働の被害者に補償金を支払うために、総額六〇億シリング（約四二〇億円、一シリングは二〇〇〇年九月の時点で約七円）規模の「和解基金」を設立しました。この和解基金により、一五万人におよぶ中欧・東欧の被害者たちに補償金が払われることになりました。

※地底湖ゼーグロッテの戦闘機工場

ウィーンから南へ一七キロほど行ったヒンターブリュールに、ヨーロッパ最大の地底湖といわれているゼーグロッテがあります。現在は観光地として、ウィーンだけではなく国内外から多くの観光客が訪れています。ガイドの説明を聞きながら、地下の通路を歩き、最後にボートに乗って照明に照らされた地底湖を一周するというプログラムは特に子ども連れの家族に人気です。

この場所は一九世紀の終わりから、時代とともにその利用目的も変わってきました。一九世紀の終わりには、農産物への肥料になる鉱物を採掘するために多くの鉱山労働者がここで働いていました。ところが、一九一二年に地底に湧き水が出て、二万リットルもの水が溢れ出し、地底の部分が水に浸かり、鉱山は閉鎖されました。

第二次世界大戦のはじまる少し前の一九三二年、地底湖は観光地としてオープンしました。ところが、戦争も終わりに近づいた一九四四年、空襲にも耐えられるというその地形的条件のために、戦闘機工場として利用されることになります。戦闘機を作っていたのは、ハインケル戦闘機会社という会社です。

第二次世界大戦中、オーストリアでも、強制収容所の囚人をナチス・ドイツの軍需工場で働かせていました。このゼーグロッテの戦闘機工場でも、約二〇〇〇人が働いていましたが、その中には強制収容所の囚人も含まれていました。ゼーグロッテの近くに強制収容所があり、多いときには六〇〇人近くの囚人が戦闘機工場で働かされていたといいます。戦争末期、ソ連軍が来る前にナチス・ドイツは戦闘機工場を破壊しました。工場で働いていた囚人は、マウトハウゼン強制収容所までの長い道のりを歩かされ、その途中で多くの囚人が命を奪われました。

いま、ゼーグロッテの地下には、当時作っていたジェット戦闘機のモデルが展示されています。このジェット戦闘機はナチスが世界ではじめて開発し、ゼーグロッテの地下で密かに製造されていたものです。しかし、技術上の問題があったために、実際に戦闘で使用されることはありませんでした。

※高校生と市議会の「追悼プレート」対決

ゼーグロッテの地下通路をかなり奥に行ったところに、一つの追悼プレートがあります。そこには、「ゼーグロッテがナチスの権力の下にあった一九四四年から一九四五年に、ここで強制労働を余儀なくされた強制収容所の囚人および戦争捕虜を追悼して」というプレートと、その下に小さく「当時のゼーグロッテ飛行機工場への空襲では三六人が命を落とした」と書かれた二つのプレートがあります。これは、近くの町のギムナジウム（高校）の生徒が、近隣の収容所を調べるプロジェクトを行い、設置したものです。

二つのトーンの違うプレートがいっしょに並んでいるのは、プレートの設置に関して市議会議員を巻き込んだ激しい議論があったからです。

高校生のグループはプロジェクトを組んで、ゼーグロッテで働かされていた強制収容所の囚人の実態について調べました。ゼーグロッテの近くに住んでいる人々への聞き取りなども行いました。

強制労働させられた収容所の囚人を追悼するプレート（上）と、空襲で亡くなった人を悼むプレート（下）

そして、ゼーグロッテの中に、強制労働を余儀なくされた囚人を追悼する意味のプレートを設置しようとしました。ところが、市議会の議員の圧力で、ゼーグロッテ飛行機工場への連合軍の空襲によって亡くなった人々への追悼をも含むプレートを設置することになりました。

生徒たちは、オーストリアがナチス・ドイツの一員としてホロコーストに関わっていたこと、その強制収容所がゼーグロッテにもあったが今ではほとんど忘れ去られていること、その記憶をきちんととどめておくことを目的にしていました。ところが、市議会の議員は、ナチス側についていた人も、強制収容所の囚人も、そして目撃者でもある近隣の人々も、「戦争の被害者」とひとくくりにすることによって、オーストリアが強制収容所の囚人を働かせていた責任をあいまいにするよう圧力をかけてきたのでした。

最終的には、双方が妥協して二つのトーンの違うプレートがゼーグロッテの地下通路に設置されることになりました。一九八〇年代後半に起きたこの議論は、戦後四〇年以上たってもまだ第二次世界大戦でオーストリアの果たした役割について議論することの難しさを物語っています。

なお、以上の経過については、近藤孝弘氏の『自国史の行方』（名古屋大学出版会）に高校生たちの取り組みの背景を含め、くわしく述べられています。

※歴史家委員会のシンポジウム

二〇〇三年二月、オーストリア共和国歴史家委員会の最終報告が出されました。一九九八年に政府によって設置されたこの委員会は、第二次世界大戦中にナチスが没収したユダヤ人の財産問題と強制労働の状況、及びその損害補償の状況調査に取り組んできました。一万四〇〇〇ページにわたる報告書が出され、シンポジウムが二〇〇三年三月にウィーン外交アカデミーで行われたので、傍聴に出かけてみました。

シンポジウムで、オーストリア人の参加者が次のような質問をしました。

「この報告が出たことで、ナチスとユダヤ人の問題については、もう終わりなのか？　今後議論されることはもうないのか？」

先に述べたように、一九三八年ヒトラーによって併合されたオーストリアは、ナチスとしてホロコーストに加わったものの、「併合された」ことを理由にドイツほど徹底的に脱ナチ化することはな

歴史家委員会のシンポジウム。パネリストはウィーン大学歴史科のオヴィバー・ラスコルプ教授ほか４名。

く、中立国として新たな出発をしました。ユダヤ人の財産問題も話し合われることはありませんでした。戦争中の暗い歴史にはフタして、なるべく触れないようにする。これが戦後オーストリアの政府が取りつづけてきた態度でしたし、国民の間での暗黙の了解でもありました。「歴史家委員会の報告をもって、この議論は終わりなのか？」という質問は、こういった背景のもとで出てきた自然な質問だったのでしょう。

それに対しパネリストの多くが、「これは一つのプロジェクトでしかない。これをもって問題が片付いたわけではない」と答えていました。一つのプロジェクトではありますが、五年の年月をかけ、国際的な歴史家集団で構成された委員会が、過去の問題を調べ上げた意味は大きかったはずです。

さらに会場にいた学校の教師らしい若い男性が、印象深い発言をしました。

「子どもたちがオーストリアという国にコンプレックスを持つようになっている。おじいさん、おばあさんに戦争のことを聞いた後、オーストリアで生まれなければよかったと言う子どももいる」

この後しばらく歴史教育についての議論がなされました。この発言が意味しているのは、戦時中のオーストリアによるホロコーストへの加担については、学校で教えない方がいいということでしょうか。いや、そうではなく、その後オーストリアが被害者に対してきちんと責任を明確にしてこなかった点を突いているのだと思います。戦争で残虐な行為をしてしまった、そのこと自体ももちろん問題です。しかし、その後、犯してしまった罪にどう取り組むか、あいまいにして知らん顔を通すのか、それとも責任を明らかにして補償問題に取り組むのか――。戦後六〇年近くたちますが、過去にきちんと取り組んできたのであれば、この男性の発言のように子どもたちがオーストリアにコンプレックスを持つことはなかったのではないでしょうか。

※記憶を閉じこめたわけ――日本と比較しながら

オーストリアが、過去の記憶を閉じこめることになった原因には、六〇〇年におよぶハプスブルク帝国時代につくられた文化の影響もあります。江戸時代まで、封建制がつづいた日本と比べながら見ていくことにします。

まず、ことなかれ主義とヒエラルキー社会という問題です。

オーストリアは個人主義の強いヨーロッパに位置していますが、社会の中の階級意識、ヒエラルキーは他のヨーロッパの国に比べて強いと言えます。これは、六〇〇年以上も続いたハプスブルク帝国時代の名残りです。現在でも博士（ドクトーア）、学士（マギスター）などの学位は重要視され、歯医者の待合室でさえ「マギスター、〇〇様」とわざわざ称号をつけて呼び出されるほどです。「ドクトーア、〇〇様」と呼ばれる人が三人も続き、なぜこんなにたくさんの医者がこの病院にかかっているのだろうと不思議に思ったことがありましたが、ドクトーアは博士号を持っている人の総称で、医者だけでないことに後になって気づきました。

また大都市のウィーンではそれほどではありませんが、地方では公務員や銀行員などの、安定していると見られている職の人気は高いようです。官僚主義的で、お役所しごとは時間がかかるというのは、オーストリア人がよく知っていることです。あえて対立するよりも、決まったことに従う方が楽だという雰囲気が残っています。

日本でも似たような傾向があります。伝統的にムラ社会であった日本は、集団の中で和を尊びます。集団内では、意見が対立することを好まず、満場一致で事がすすむことに満足感をおぼえます。また、「私たち」「他者」の線引きがはっきりしているため、人々は集団の中で孤立することをきらいます。

次に、どちらも革命を経験していないということがあります。この「安住」志向は、歴史の上でもある事実が証明しています。

オーストリアも日本も、民衆が自由と民主主義を求めて起こした革命を経験していません。オーストリアでは一八四八年に三月革命がありましたが、制圧され、皇帝が交代しただけで、国民が主権を持つにいたりませんでした。

六〇〇年にわたるハプスブルク帝国の専制政治はきわめて強固なものでした。その専制政治が崩れて共和国ができたのは、第一次世界大戦で敗れたからであり、それは民衆が自分たちの血と汗で手に入れたものではありませんでした。

日本も、一八六八年に明治維新によって近代化を迎えます。しかしこれも、民衆による革命ではなく、武士層の間の権力闘争で、その後につくられたのも絶対主義の国家でした。

両国に共通する点は、人々が時の権力に従うことに慣れてしまいやすい傾向があることです。そして両国の国民ともに、第二次世界大戦ではその多くが時の権力者に扇動され、戦争に動員されることになりました。

内部からの改革に弱く、外からの外圧や批判によって、自己を見つめなおすという点は、オーストリアでは一九八六年のワルトハイム事件や、二〇〇〇年にハイダー氏の率いる極右の自由党が政権入りしたことによってEU諸国がオーストリアに対し、制裁を加えた例などに見られます。日本でいえば、首相の靖国神社参拝に対して近隣諸国から激しい非難が来ることで、そのことの重大さを改めて思い知らされる、というのがその一例です。

最後は、ともにコンセンサス（合意）の政治の国であるということです。第二次大戦後の政治システムにも、協調の路線は明らかです。

オーストリアも日本も、コンセンサス政治を進めてきました。オーストリアでは戦後、自由党と緑の党が大きくなるまでは、二大政党の国民党と社会党（当時）の二党を合わせると、議席の九割以上を占めるという時代が続きました。この二つの政党が、連立政権を組んでいたとき、プロポルツ（比例制）とよばれる役割分担システムをとっていました。得票数によって閣僚、次官のポストを二党のあいだで割り振っていたのです。イギリスやドイツも二大政党制ですが、違いはオーストリアでは完全に対立するわけではなく、合意と役割分担をしていることです。

一方、日本では一九五五年から、長期にわたって自由民主党が政権をとってきました。しかし、自民党の中には派閥があり、この派閥の間でのコンセンサスをとることが重視され、それで政治がすすめられてきました。派閥によって閣僚などのポストを割り振るところは、オーストリアとよく似ています。

※社会パートナーシステム（ネオ・コーポラティズム）

オーストリアは、ネオ・コーポラティズム（オーストリアでは社会パートナーと呼ばれている）が非常に強い国です。社会パートナーというのは、労働者と経営者の関係、さらに政府との関係をさします。労働者、経営者はそれぞれの組織（Kammer）に属さなくてはいけません。

この経営者組織や労働組合は、とても強い力を持っています。毎年の春闘では、労働者の代表と経営者の話し合いでほとんどすべてを解決して結論を出してしまいます。

ヨーロッパでも、フランスやイタリアなどでは労働者のストライキが多く、飛行機や列車が動かなくなることもよくあります。しかし、オーストリアでは、ほとんどストライキはありません。この経営者と労働者の協力関係のおかげで経済は安定してきた、というオーストリア人も少なくありません。しかし、裏を返せば、労働者一人ひとり、または経営者一人ひとりは、その決定に簡単に従う風土があるということになります。

社会パートナーシステムの政治の世界への影響力も強く、この組織の決定に、政党はたんにイエスというだけという構図が続いてきました。国民党は経営者側、社会党＝社会民主党は労働者側の権利をいつも代弁し、意見が対立することはしばしばです。しかし、政治の場面に持ってくるまでにすでに経済界で合意ができているために、大きな衝突はありませんでした。

現在はオーストリアでも、働くスタイルが多様化してきました。労働者、経営者という枠組みだけでは考えられない状況になってきています。個人で仕事をする人、つまり、経営者でもないけれど、労働者でもない、という人が増加しているからです。また、派遣労働者やアルバイトといった働き方を選択する人も増えています。これまでの構図が崩れ、社会パートナーは新しい変化についていけなくなりました。

グローバリゼーションは、オーストリアのこれまでの伝統的な「社会パートナーシップ」にも大きな衝撃を与えました。かつてオーストリアの社会パートナーシップは、経済と社会福祉の安定の要とも言われたものです。世界でも、ネオ・コーポラティズムのモデルとして高く評価されていました。しかし、労働スタイルの多様化と市場のグローバリゼーションによって、社会パートナーシップのシステムはもはや必要でなくなってきています。

日常生活から政治の世界まで、社会のすみずみにまで浸透しているこの文化――良くいえば対立を好まず、人々と協調しながらすすめるところ、悪くいえば安住志向――は、第二次世界大戦中の過去の記憶を掘り起こし、苦しい議論をあえてはじめる気運を高めることには、当然のことながら寄与しませんでした。

※ハプスブルク帝国の記憶に生きる

もう一つ、オーストリアが第二次世界大戦の記憶を閉じこめた原因として、歴史の暗い部分を見たくなかったという点があります。ハプスブルク帝国のノスタルジックな思い出を強調しているのはこのためです。第二次世界大戦後、ハプスブルク帝国時代は、暗いナチス時代の対極として美化されました。しかし、実際の民衆の生活は、私たちが今日シェーンブルン宮殿で見るような華やかなものではありませんでした。オーストリアの週刊誌『フォーマット』に取り上げられた、ハプスブルク帝国の暗い部分を暴露する本には次のように書かれています。

「ハプスブルク帝国時代は領土拡大に攻撃的な時代であった。意味のない戦争を繰り返し、宗教に狂信的で、経済的には壊滅し、全体主義に支配されていた。実際、六〇〇年間の帝国の時代に一五〇年間も戦争をし、貧しい民衆は動物のように扱われて、草まで食べていたといわれている」

しかし、そうした点には目をつぶり、帝国時代の華やかなイメージのみが戦後はあえて強調されることになりました。オーストリアにとって、第一次世界大戦での敗北とそれに引き続く混乱期、そして再び敗れた第二次世界大戦の記憶は、愉快なものではなかったはずです。ハプスブルク帝国の華やかなイメージを思い出すことで、自分と国を癒していたのではないでしょうか。

※「過去の克服」の努力――ホロコースト追悼勤務センター

しかし、こうした流れの中にあっても、「過去の克服」の努力はつづけられてきました。その一つが良心的兵役拒否です。

先に紹介したシナゴーグの近く、たくさんのカフェが外に椅子を出している角にホロコースト追

ホロコースト追悼勤務センターはこのビルの２階にある。

悼勤務センターの事務所があります。

「追悼勤務（ゲデンケ・ディーンスト）」を説明するには、オーストリアの兵役制度について触れる必要があります。オーストリアでは、一八歳以上の男子に六カ月の兵役が義務づけられています。しかし、兵役につく代わりに、病院や社会福祉施設などで兵役よりも長く（一二カ月間）働くこともできるようになっています。これは良心的兵役拒否と呼ばれています。普通の兵役よりも長く、しかもかなり低い賃金しか支給されないにもかかわらず、五人に一人（一九九八年）が、この良心的兵役拒否を申請しています。

一九九二年にはじまった「追悼勤務」はこの良心的兵役拒否のうちの一つで、この職についた若者は、外国のホロコースト記念博物館や施設で仕事を手伝うことになります。勤務地はワルシャワ、アウシュヴィッツ、パリ、ロンドン、アムステルダムのアンネ・フランクハウス、ニューヨーク、ブエノス・アイレス、イスラエル、チェコなど世界各地にあります。

オーストリアでは、過去を振り返る取り組みがなかなか進みませんでしたが、一九九四年に当時の大統領がイスラエルへ行き、はじめてホロコーストの謝罪をしたことがきっかけでこのゲデンケ・ディーンストははじまりました。

毎週水曜日しか事務所を空けていないとのことで、水曜日を待って事務所のあるビルに入りました。ビルの外側にはガラス張りの小さなショーケースがあり、ホロコースト追悼勤務センターの事務所の活動内容を知らせる新聞や特別展示会のパンフレットなどが置いてあります。中でも目をひいたのは、追悼勤務の仕事をルポルタージュ風に編集したビデオのチラシでした。

ビルは普通の集合住宅で、かなり暗い階段を上った二階の一室がこのホロコースト追悼勤務センターの事務所になります。ドアをノックすると、さわやかな若者が出てきて相手をしてくれました。事務所にいるのはみんな若い学生風の人ばかり四〜五人。水曜日の夜は毎週ミーティングがあるということで、その打ち合わせや準備などをしています。事務所の中はかなり広く、入って正面に座って話し合いができる部屋が一つ、左手にテレビのある会議室が一つ、右手はコンピューター三台と資料が置かれた事務室になっています。

現在ここで活動しているのは約二〇人、追悼勤務を体験した若者や興味のある一七歳から二四歳

ホロコースト追悼勤務センターに集まった若者たち

の若者（女性ももちろん参加可能）が、ボランティアで活動しています。話をしてくれたクリスティアンも、三年前にワルシャワの歴史施設で一年間働いたそうです。この事務所では、若者が自主的に一年に四回新聞を発行したり、一年に一度、三日間にわたるセミナーを開いたり、「平和ツアー」と称してヨーロッパにあるホロコーストの施設を訪ねる企画を行ったりしています。

日常的にも毎週水曜日に会議を開き、ホロコーストに関する本の朗読会なども行っています。大きなセミナーは毎年違うテーマで取り組んでいます。「抵抗したユダヤ人について」「ホロコーストと医者の関係」などトピックをしぼってやっています。

また、ホロコーストの施設を訪ねる企画では、興味のある若者を二〇人ほど集めて、二〇〇四年は四月一〇日から一五日までポーランドのアウシュヴィッツ強制収容所跡や、強制収容者が働かされていたドイツ系の工場跡などを訪ねる予定です。私が興味を示すと、「まだ空きがあるからいっしょに来るかい？」と聞かれました。重いテーマにもかかわらず、みんな楽しそうに活動している姿が印象的でした。

取り組んでいる若者たちは、実に楽しそうにやっているのですが、それを見る社会の雰囲気はどうなのでしょう。そう思って尋ねてみました。クリスティアンの家族はそれほど嫌な顔はしないようですが、おじさんは少し保守的な人で、「そんなことをしていると、仕事がないよ」とクリスティアンを脅したこともあるそうです。でもクリスティアンは、「家族で話すことができなければ、学校で話をしてもいい。できることからやればいいと思う」と、それほど気にしていないようでした。

オーストリア社会全体の雰囲気については、「オーストリア歴史ハウス」という博物館をつくる計画が何年も頓挫していることを例に出して話してくれました。オーストリア歴史ハウスは、その名の通り、オーストリアの歴史の博物館ですが、国民党、社会民主党、ユダヤ人コミュニティ、レジスタンスグループなど多くのグループの意見が全く合わずに遅々として計画が進まない状態です。

※各国のホロコースト施設で働く若者たち

短編映画「ゲデンケ・ディーンスト」（監督はウィーン・フィルムアカデミーのニコ・マイヤー）を

見せてもらいました。ワルシャワ、オランダ、ブエノス・アイレス、ニューヨークに追悼勤務で行った四人の若者を追ったドキュメンタリーです。話をしてくれたクリスティアンも四人のうちの一人として登場し、次のように語っています。

「ワルシャワで、チリのユダヤ人女性からホロコースト施設に一通の手紙が届きました。ナチスの被害にあった家族を探しているというのです。この一通の手紙から、この問題に個人的に強い興味を持つようになりました。そして、ユダヤ人について、ユダヤの文化にも興味を持つようになりました」

別の青年がワルシャワで一年間暮らした時の気持ちについて話していました。

「ポーランドで僕は二つの世界に生きていました。外国で暮らし始めた誰もが経験するように、はじめはとても孤独でした。ポーランド語はだんだん分かるようになってはいくけれども、頭の中ではドイツ語で考えている自分がいました。ポーランドにいながら、ドイツ語で考え、部屋ではドイツ語の本を読んでいる。でも、一歩外を出るとすべてがポーランド語の世界でした」

この気持ちはオーストリアで生活している私の気持ちと重なり、よく分かります。

オランダのホロコースト施設に行った若者は次のように話していました。

「追悼勤務に行くことになってはじめて、この問題についていろいろ調べ始めました。行く前に、ホロコーストの生存者の方に会うことになったのですが、どうやって彼と向かい合ったらよいのか分かりませんでした。まるで腫れ物に触《さわ》るように接していたことを覚えています。でも、ホロコーストの施設では毎日生存者の方と接することになりました。今では、彼らにどう接したらいいのか分かります。彼らも他の人と何も違わないのです。ただ、少しばかり思いやりをもって接することが必要なだけです。しかし、これは誰に対してもいえることですよね、思いやりを持って接するということは」

もう一人の若者は次のように話していました。

「僕はこの資料館で働いていました。資料館には、ホロコーストの被害にあったすべての人の名簿がありました。名前と生まれた場所と日付、そして亡くなった場所と日付が記されています。毎日のように被害者の家族の方が訪れてきて、ページをめくっていました。そして、名前を見つけるのです。いくつも、いくつも。時には三〇も四〇も見つけていることがありました。家族、親戚の多くがホロコーストで殺されていたのです」

若者の中には、こう話した人もいました。

「展示会の企画を手伝いました。オランダの人の中には、オーストリア人がこの展示会をいっしょになってやることに抵抗がある人もいたようでした」

この発言は、まだ感情のレベルで被害者・加害者の間に大きな壁があることを示しています。たとえば日本人が、中国で、南京虐殺の展示会を手伝おうとしたら、どのような反応が返ってくるのでしょうか。

それでも、ホロコースト記念施設でオーストリアの若者が一年間という長い期間にわたって働きに行くことが、現地の施設や国に与える影響、またそこで、オーストリアの若者がホロコーストについて、またいまも続いている問題について知ること、考えること、そして相手の国の文化をも含めて理解してオーストリアに帰ってきていることは大きな意味があるのではないでしょうか。さらに、このホロコースト追悼勤務センターで、ゲデンケ・ディーンストから帰ってきた若者がその時の体験をそれで終わらせずに、オーストリアの中で同じ世代の若者と考える機会をつくっていることは、非常に価値があることだと思いました。

※過去に取り組む人々とネオ・ナチの衝突

一九九〇年代、オーストリアと日本でも、「過去の克服」に取り組む努力がはじまりました。それと同時に、右翼のポピュリストなどからの攻撃も強まるようになりました。どうして歴史を掘り起こそうとすると、それを押さえつけようとする人々が出てくるのでしょうか。右翼のポピュリストはファシズムに共通する思想を持っていて、対抗する人たちを激しく攻撃します。同時に彼らは、人々を簡単に扇動できる社会をつくりたいと思っています。

一方で、過去に取り組むということは、歴史を知っている人々を増やし、政治的な問題について

2002年４月、ウィーンで開かれたドイツ軍の戦争犯罪展

も自分たちで判断できる人を増やすことになります。

実際、オーストリアでも、多くの人がオーストリアのホロコーストに対する責任について知れば知るほど、より多くの対立が生まれました。例えば、二〇〇二年四月にウィーンで行われたドイツ軍の戦争犯罪を克明に伝える展示会に際して、大規模な衝突がありました。展示会に反対する一二〇人のネオ・ナチと、そのネオ・ナチに反対する約四〇〇〇人の市民との間で衝突が起きたのです。一九三八年にヒトラーが演説したことで有名な、ウィーンの英雄広場（王宮前広場）は大変なことになりました。

オーストリアの新聞『スタンダード』（四月一五日付）では、この騒ぎについて、次のように伝えています。

【英雄広場に英雄はいない　ウィーン】

警察は、ドイツ軍の戦争犯罪の展示会に反対するネオ・ナチのグループと、ネオ・ナチに反対する人々のデモの衝突を何とか回避することができた。英雄広場で何が起きたのだろうか？

土曜の午後、ネオ・ナチのグループが展示会に反対して次のように叫びながら行進をした。

「ナチスの兵士たち、われわれは、英雄に感謝する！」

「偉大な父（注：ヒトラーのこと）よ！　私たちはあなたに感謝する！」

スキンヘッドの若者たちは、オーストリアの伝統的な帽子をかぶった年老いた紳士たちからも声援を受けた。（注：年老いた紳士とは第二次世界大戦でナチスの兵士だった人たちのこと）

「ハイル、ディアー！」（注：「ハイル、ヒトラー」は法律で禁止されている）

ネオ・ナチの若者たちはさらにつづけた。

「今回の展示は、歴史を曲解している。ヒトラーは、最大の犯罪者ではない。ましてやナチスは犯罪ではない」

一方、リンク通りには、ネオ・ナチに反対する人々四千人が集まり、「ナチスは出て行け！」などと叫びながら行進した。午後三時半ごろ、ディスコの横でマスクをつけた人々は、ものを投げ、公園のベンチを壊し、ごみ箱に火をつけた。近くに止めてあった二台の車が完全にだめになった。

警察は水放射と催涙ガスを人々に向けて発射した。平和的なデモ隊と、過激なデモ隊の区別をつけることはできなくなった。緑の党の政治家たちも、このデモの真ん中で警察に立ち向かっていた。一方で、ネオ・ナチグループはこの騒ぎのなか、英雄広場をこっそりと去っていった。英雄広場では、ネオ・ナチに反対する人々四千人と警察だけが残り、激しい衝突を続けた。

ネオ・ナチグループは、ウィーンの繁華街ケルントナー通りを、ヒトラーを賛美する言葉を叫びながら行進していった。警察は、ネオ・ナチに反対する人々四〇〇〇人を抑えるのに必死で、ネオ・ナチグループまで手がまわらなかった。

ウィーンで行われている、ドイツ軍の戦争犯罪の展示会に反対するネオ・ナチのデモと、それに反対する人々の衝突は、この日、ウィーンに大きな混乱をもたらした。八〇〇人の警察官は、一二〇人のネオ・ナチと四千人の群集の衝突を回避することはできたが、警察と四千人の衝突は避けることができなかった。警察の情報によると、五一人が負傷、そのうち三三人は警察官だった。デモを行った市民のうち、三人が一時身柄を拘束された。

※自由党ハイダー氏の人気

一九八〇年代の中ごろより、オーストリア自由党の党首で右翼ポピュリストのハイダー氏が力をつけてきました。ハイダー氏は、耳障りな議論を脇において、聞こえのいいことばかりを演説します。彼は「われわれオーストリア人は、オーストリアが戦後ここまで成長できたことを誇るべきだ」

ウィーン市内の「エルサレムの階段」

といい、オーストリアのナショナリズムとその価値について主張します。

一九八〇年代になるまでは、ナチスに対して肯定的な発言をすることは法律で禁じられていたばかりでなく、社会にも受け入れられていませんでした。ナチスに対して肯定的な意見を持っている人はいましたが、態度を公にしてはいけないという社会の雰囲気がありました。

ところが、オーストリア自由党とハイダー氏の人気が高まるにつれて、ナチス肯定発言も再び、社会の中で抵抗がなくなってきました。自由党のハイダー氏は、戦争の暗い記憶とオーストリアが果たした役割については打ち消します。ハイダー氏の発言は、ワルトハイム事件で国際的非難をあびて過去を見つめなおそうとしていた流れに逆行するものでした。

ところで、ウィーンのユダヤ人通りの近く、ユダヤ人が住んでいたゲットーの中に、「エルサレムの階段」と呼ばれるところがあります。エルサレム誕生三〇〇〇年を祝い、ウィーン市が一九九六年に名づけました。オーストリアでは、伝統的な反ユダヤ主義に加え、第二次世界大戦中にユダヤ人を公然と強制収容所へ送りつづけ、財産を没収した過去があります。イスラエルと距離を縮めたいという意味をこめて、エルサレムの階段と名づけられました。

しかし、オーストリアとイスラエルの関係は前途多難です。オーストリアが二〇〇〇年に、ナチス肯定発言をはばからないハイダー氏を党首（当時）とする自由党との連立政権を発足させた時、イスラエルはウィーン駐在大使を本国に召還する措置をとったのでした。

※オーストリアと外国人排斥

オーストリアは八つの国と国境を接し、昔からヨーロッパの人々が行き交う地でした。当然、多民族が入り混じっています。人々の名字にチェコ系、ハンガリー系、ユーゴスラビア系のものが非常に多いことは、電話帳をめくればすぐに分かります。多民族が入り混じる歴史が長かったために、おばあさんがチェコ人、ひいおじいさんがユーゴスラビア人などという人もたくさんいます。

しかし、オーストリアの経済が傾き、人々が自分の生活に不安を感じ始めると、オーストリアに住んでいるたくさんの外国人が、オーストリア人のアイデンティティーを脅やかしているという声が聞かれるようになりました。ここでいう外国人とは、戦後、ユーゴスラビアやトルコからガストアルバイター（外国人労働者）として入ってきた人々をさしています。労働力が足りなくなった時代に、オーストリアはたくさんの外国人労働者を受け入れ、安い賃金で復興の一端を担ってもらいました。しかし、失業率が高まると、どうしても少なくない外国人に視線が集中することになります。

戦後ながい間、排外主義はメディアや政治の世界で取り上げられることはありませんでした。これは、その意識が国民の中になかったということではありません。そうした感情を持っている人もいたのですが、それを口に出して言う雰囲気はなかったのです。

しかし、一九八〇年代の終わりから状況が変わってきました。第二次世界大戦の問題について語ることがタブーでなくなるのと同時に、排外主義も目に見えるようになり、ついには排外主義を公然と示す人たちも出てきました。自由党のハイダー氏は、この点でもオーストリア人の心をつかむ方法をよく知っていました。オーストリア・ナショナリズムを唱えはじめたハイダー氏は、外国人がいなくなればオーストリア人が安心して暮らせる国になる、さらにこの高い失業率も解決されると発言して、オーストリア人の排外主義を煽りたてました。

排外主義とナチス肯定発言をする自由党ハイダー氏は、一九九九年の国政選挙で四分の一以上の票を集めます。自由党が人気を集めたのは、その他にも理由がありました。ハイダー氏個人のカリスマ性であったり、長く続いた二大政党と経済界との癒着に倦きた国民がハイダー氏なら何か変えてくれるのではないかという期待をもったことも理由です。また、ベルリンの壁の崩壊とそれに引き続く国際情勢の変化の中で、中立といっているだけではなく、新しいオーストリアの役割を探さなければ、というあせりもありました。しかしこの「ハイダー旋風」は、一九八六年にワルトハイム氏を大統領に当選させた国民意識の風土に、根本的な変化がなかったことをさらけだしてしまう結果となりました。

※ドキュメンタリー映画「外国人は出て行け」

ウィーンには、カフェを併設した小さな映画館がいくつかあります。ウィーン五区にあるシカネンダーという映画館で、「外国人は出て行け」というドキュメンタリー映画が上映されていました。

このドキュメンタリー映画は、二〇〇〇年二月に成立した国民党と自由党との連立政権をテーマにしたものです。同年六月、国立オペラ座と観光客がよく通るケルントナー通りとの間に突然、居住用コンテナが運び込まれました。これは、ドイツ人の舞台・映画監督シュリンゲンジーフによるパフォーマンスでした。

このパフォーマンスは、一二人のオーストリアへの難民申請者（中国人、スリランカ人、ユーゴスラビア人など）をコンテナに収容し、インターネットで二四時間、彼らの行動を公開し、それを見た視聴者が、「排除すべき人間」すなわち「難民としてふさわしくない人間」を選んで投票するというものです。その投票の結果、一日に二人ずつが消されていくというものでした。コンテナの上には「アウスレンダー・ラウス（外国人は出て行け）」という大きな看板が掲げられ、毎日多くの人が見物、あるいはシュリンゲンジーフに抗議するために訪れていました。

芸術家によるパフォーマンスであったにかかわらず、その反応は感情的ですさまじいものがありました。まず、この企画を、オーストリア人ではなくドイツ人がやったところに、オーストリア人は何かひっかかるものがあったようです。ドイツとの過去については、触れたくないと考えている人が、第二次大戦後五五年たってもまだ多いことを示していました。オーストリア人の中には「ドイツ人はみんなヒトラーだ、という人さえいる」といっしょに映画を見たオーストリアの友人が話していました。映画の中でも、何人かの興奮したオーストリア人が、「外国人は来てもいい、でもドイツ人は出て行け！」「お願いだから、もう騒がないでくれ。静かにほうっておいて」と叫ぶ女性の姿が印象的でした。

さらに、これまで外国人排斥を訴えて得票を増やしてきた自由党が、二〇〇〇年二月に政権入りを果たしたことに対するオーストリア人自身の批判と支持の対立が、この企画の中でも浮き彫りになっていました。コンテナの上に掲げられた「外国人は出て行け」というメッセージに強く反対する人々、逆に「オーストリアは八〇〇万人しか人口がいないのに、ドイツよりも外国人の割合が多い（約九％）」「トルコ人とユーゴスラビア人が多すぎる」と話す人、どちらもオーストリア人の本音なのでしょう。

第二次大戦後、オーストリアは、ハンガリー動乱（一九五六年）、チェコのプラハの春（一九六八年）、ユーゴスラビア内戦などによる多くの難民を受け入れてきました。また、労働力が足りないときに安価な外国人労働者を受け入れる政策を推進したのは、政府です。オーストリアは、外国人排斥をするような心の狭い国ではない、ということを国際的にアピールしたいという気持ちとともに、「これ以上、外国人が増えるとさすがに困る」という本音とのジレンマが現れていました。

これは、ドイツ人芸術家によるパフォーマンスでしたが、政治家を巻き込んでの大騒動となりました。中でも自由党からは激しい批判が寄せられました。さらに自由党はウィーン芸術週間有限会社を名誉毀損で訴え、市議会では市を侮辱するために市民の税金を使ったとして、パフォーマンスを許可したウィーン市の文化委員会委員長の辞任を要求するという事態にまで発展しました。このパフォーマンスが、これほどまでにオーストリア人を刺激したのは、オーストリア人のアイデンティティーを揺るがせるものだったからにほかなりません。

このドキュメンタリー映画を見に来ていたのは、若い人がほとんどでした。映画の中で、オーストリア人が興奮して叫んでいる場面などでは、笑いも起こっていました。映画の中で興奮して叫んでいた人はほとんどが高齢の人、それを見ておかしく思う若者たち。戦後、中立政策によって国際的評判を高めていった時代に生まれた若者には、オーストリアの過去を突かれてもそれほど痛くないのかもしれません。

※拡大EUの中での小国オーストリアの行方

二〇〇四年には新たに中欧・東欧など一〇カ国がEUに加盟します。オーストリアは、もはやEU国と非EU国の境ではなくなります。オーストリアでの失業率の高さを考え、東ヨーロッパから安価な労働力がオーストリアに流入し、自分たちの職が危ないのではないか、という不安の声が聞かれます。ヨーロッパの安全保障におけるオーストリアの位置も難しいところにあります。新たにEUに加わるチェコやハンガリー、ポーランドなどはすでにNATOに加盟しています。オーストリアはNATO加盟国との関係で孤立する可能性があります。ポスト「中立」で、どのような方向性を示していくべきか、議論が行われているところです。

今後のヨーロッパで小国オーストリアに期待されていることは、「問題児」になることではなく、民主的な価値を広めるところにあるのははっきりしています。

一九九九年にハイダー氏の自由党が選挙で大勝し、国民党との連立政権を組んで政権入りしたとき、EUの一四カ国はオーストリアに対して制裁を加えました。経済面ばかりではなく、学生の留学協定の取り消しや、外国人のウィーンでのコンサートのキャンセルなど文化的な交流も遮断されました。この時、オーストリアは、一九八六年のワルトハイム事件の時と同じ種類のスキャンダルで国際社会を騒がし、またもや大国に不公正に扱われている「かわいそうな被害者」であるかのように反応しました。

しかし二〇〇二年に行われた国政選挙では、自由党は前回の二七％から一〇％まで得票率を減らしました。これは、多くのオーストリア人がハイダー氏の大げさな発言に飽き飽きし、拡大するEUの中で、排外主義的な態度をとりつづけていては、オーストリアは生き残ることができない、と理解したからです。オーストリアはこれらの苦い経験をしている分、民主的な価値を拡大するEUの中で、その位置を確保していくことができるはずです。

※欧州平和大学の試み

オーストリアの首都ウィーンから車で南へ二時間、人口二〇〇〇人の小さなシュライニング村に欧州平和大学（European University Center for Peace Studies）があります。冷戦まっただ中の一九八二年、ヨーロッパ東西の緊張を緩和させることを目的として、「オーストリア平和センター」が設立されたのがはじまりです。

当時は、社会党のクライスキー政権時代で、オーストリアは積極的中立外交と称して、ヨーロッパ東西の対話の場を促進し、積極的に国際的平和のイニシアティブを取ってきました。また、国連をはじめ、ＯＳＣＥ（欧州安全保障協力機構）やＯＰＥＣ（石油輸出国機構）などの誘致を行い、重要

オーストリア平和センターの本部があるシュライニング城

な国際会議の多くもウィーンで行われるようになりました。このような時代背景の中で、平和研究と平和教育を目指した「オーストリア平和センター」が、まさにヨーロッパの東と西の境である、ハンガリーとの国境地帯のシュライニング村に設立されたのです。

では、国境のへき地の小さな村に、どうして大学をつくることになったのでしょうか。

オーストリア平和センターは非政府組織（NGO）です。創立者のゲラルド・マーダー氏は、退職金をつぎ込んで荒廃していたシュライニング城を買い取り、この地を平和の発信地にする計画を実行に移しました。一九八二年にオーストリア平和センターを発足させ、翌年の四月にシュライニング城に事務所を移しました。その後、マーダー氏はクライスキー元首相などに協力を要請し、寄付金やオーストリア政府からの援助も受けて次々とシュライニング村を平和センター地域へと変えていきました。

一九八八年には、お城の元「鍛冶工場」と元「兵器」庫を修理し、現在の「シュライニング城ホテル」が完成しました。さらに、荒廃していたユダヤ教のシナゴーグを平和ライブラリーに改築しました。一九九二年には長期セミナー参加者のための宿泊施設としての寮「ハウス・インターナショナル」も新たに作りました。二〇〇〇年からは、お城の一部を利用したヨーロッパ平和ミュージアムも開館しました。

この建設工事にはじめからかかわっていた村人は、次のように話してくれました。この人は、村の中学校の技術職として働いていますが、村での水道、電気工事などにはほとんどかかわっている人物です。「設立者のマーダー博士が直接私のところにきて、ここに平和センターをつくりたいのだが、協力してくれるか、と聞いてきました。二〇年前はホテルも宿泊施設もなかったので、学生はテントに住んでいたこともありました。私は二〇年間ずっと、平和センターに関わってきたのですよ」と、誇らしげに語ってくれました。

一九八九年にベルリンの壁が崩れ、冷戦体制が崩壊すると、設立当初の目的であった東西ヨーロッパの緊張緩和は、それほど深刻な問題ではなくなりました。それに代わって、大きく取り上げられるようになったのは、その後世界各地で続発した民族紛争・地域紛争です。欧州平和大学の重点も

欧州平和大学2002年度春季生の記念写真

そこに移り、アフリカや旧ソ連圏、中南米、中東などの紛争当時国から多くの学生を受け入れるようになりました。

途上国からの学生は、外務省の官僚、裁判官、大学教授や神父など国を背負っていく人々がほとんどです。紛争当事国では、外からの情報が閉ざされていることが多く、紛争を解決して平和を実現する方法を学ぶ機会は皆無に等しい状態です。自国の政府、あるいはオーストリア政府から援助を受けてこの欧州平和大学にやってきた彼らは、ここで平和学を学び、紛争当事国に帰って実践することを求められています。欧州平和大学も、紛争国に平和学を浸透させることを目的としています。

ヨーロッパと北アメリカからの学生は、ＮＧＯの職員や大学生です。学生は、ボランティアでＮＧＯの活動にかかわっていた人たちがほとんどです。

シュライニング城の内部には、オーストリア平和・紛争解決センターの事務所と並んでヨーロッパ平和ミュージアムがあります。二〇〇〇年の特別展示を経て、二〇〇一年の春にオープンしました。開館時期は毎年四月から一〇月で、冬の間は翌年の展示の準備を行っています。二〇〇二年にオーストリア政府の科学文化省から賞をもらい、館長さんはとても喜んでいました。

この平和ミュージアムの展示は、戦争の悲惨さを伝えるだけではありません。暴力・紛争・平和について、より多くの人々に考える機会を提供することを目的としています。日常生活の中でどのような暴力に人々はさらされているのか、個人の、または集団の紛争の特徴などについて、写真、芸術作品、パネルを使って展示しています。家庭や職場での身近な暴力について考える写真パネルコーナー、争いが起こったときに話し合いで解決する手順をマンガで表現したコーナーなどがあります。「誰かに責任を押しつけていませんか？」という非常に面白い展示もありました。学校のせい、政府のせい、近所の人のせい、さまざまなボードがあって、何かにつけて人に責任を転嫁してはいなかったでしょうか？　と問いかけるものです。

実際の地雷が転がっている地雷撲滅運動のコーナー、国連やＯＳＣＥ（欧州安全保障協力機構）についてのコーナーもあります。これは、オーストリア平和・紛争解決センターの研究内容も展示に

平和ミュージアムの一装置。向こうに子どもの絵があり、手前に「怒り」「心配」などの棒がある。この棒を力まかせに押すと、バネではね返る仕掛けになっている。子どもを押さえつけると、抑圧された感情は最後に爆発することを表している。

反映しているためです。

※子どもたちへの取り組み

ヨーロッパ平和ミュージアムでは、常設の展示の他にもプログラムを提供しています。特に力を入れているのは、オーストリア、ドイツの小・中・高等学校の先生たちに呼びかけて、子どもたちの社会見学のルートに組み込んでもらうことです。二〇〇一年度は、オープンした年であるにもかかわらず、三〇〇〇人近くの子どもたちが学校やクラス単位で訪れました。ひと口に子どもといっても、七歳と二〇歳では興味や関心はかなり違います。そこで、平和ミュージアムでは四つのカテゴリーに分けて、異なるプログラムを組んでいます。

この中で、最も訪問が多いのは、小学校低学年のグループです。近くの村や町、遠くてもブルゲンラント州内の小学校から見学に来ています。この年齢の子どもたちが来たときは、友達どうしや家族内での暴力について考えてもらうようなプログラムを組んでいます。一時間かけて館内を案内した後、平和工房に集まってもらって、意見を出し合ったり、絵を書いたり、文章を書いたり、さまざまな形で子どもたちが感じたことを表現できる場をつくっています。

次に多いのは高校生のグループです。このグループはウィーンやグラーツなどの少し離れた都市からもやってきます。平和・紛争・暴力といった分野に関心をもって、バスで往復三〜四時間かけて来ます。この年代のグループには、国際紛争と平和というテーマを強調してプログラムを組んでいます。地雷の問題や、ＯＳＣＥ、国連などの組織の説明も丁寧に行っているので、トピックをしぼって来ることも可能です。

子どもたちが学校の夏休みの間は、サマーセミナーを行っています。対象は八歳から一三歳の子どもたちです。五週にわたって異なるテーマを取り扱っており、一週間だけ参加することも、通して参加することも可能です。テーマは、環境問題とそれが子どもたちに与える影響（主に第三世界の子ども）、子どもと暴力、世界の子どもの生活スタイル、レベルの違い（子ども兵士、子どもの労働、貧困問題など）、子どもの権利（国連での子ども会議をイメージ）、文化と平和です。

まだまだオーストリアでも認知度は高くはありませんが、今後も多くの人に訪れてもらいたい場所です。戦争の悲惨さを訴えるだけではなく、日常生活や現代の暴力や差別について、心で感じて、頭で考えることができる展示がされているところが新鮮です。

※旧シナゴーグを利用した平和ライブラリー

シュライニング村の中央広場に面したユダヤ教の元シナゴーグの建物が、平和ライブラリーです。シュライニング村の正式名称は、シュタット・シュライニングです。シュタットは町を意味するのですが、通常はこのように地名の前にシュタットをつけることはありません。シュタット〇〇という地名は、第二次世界大戦前にユダヤ人のコミュニティが存在していた町や村によく見られます。このシュライニング村も例外でなく、かつては多くのユダヤ人が住んでいました。村にはユダヤ人のお墓もあります。

シナゴーグは一九二四年までは実際に礼拝堂として使われていました。その後、ナチス・ドイツの手がこの田舎のシュライニング村まで伸びてきます。ウィーンなどの大都市に比べ、逃げ延びることができたユダヤ人の割合は多かったと言われていますが、シナゴーグは荒廃し、礼拝堂としての機能を失いました。

一九八六年、オーストリア平和センターは、六〇年以上も放置されていたこのシナゴーグを買い取り、補修をして、図書館として利用できるようにしました。オーストリア平和センターや平和ミュージアムがあるシュライニング城もそうですが、この図書館に関しても歴史的な建物を取り壊すのではなく、補修してその価値を残しながら利用している点は興味深いところです。私の留学当時、図書館で勉強をしていると、よく観光客が団体で訪れていました。彼らは図書館に興味があるのではなくて、シナゴークの建物を見にくるとのことでした。

平和ライブラリーは小規模ながらも、所蔵冊数は約二万四〇〇〇冊、これに加えて三〇〇の雑誌を定期購読しています。英語の本がそのうちの六割を占めます。本のテーマは、開発援助学、国際政治、地域学、軍事安全保障政策、平和教育、平和運動・社会運動、平和学、人権、哲学、政治心理学、政治社会学、女性学などに加えて百科事典などの参考書、小説、子ども向けの本があります。コンピューターで、テーマや著者、本の題名などから検索ができるようになっていてとても便利です。学会の文献なども、多く所蔵していて、コンピューター検索の結果を受付に頼むと、次の日には用意しておいてくれます。平和に関するテーマで、これだけ多くの英語の本や文献を所蔵しているのは、オーストリアではここが一番ではないかと言われています。

この平和ライブラリーを利用するのは、欧州平和大学の学生、オーストリア平和センターの研究者、夏に行われるＯＳＣＥのサマーコースの学生など、シュライニング村に滞在して勉強する学生たちですが、一般にも開かれています。ウィーン大学、グラーツ大学、ハンガリー、ドイツなどからも学生が本を借りに来ることもあると聞きました。現在はこの図書館に訪れる人にのみ本の貸し出しをしていますが、近い将来に、インターネットで本の検索と、世界中の大学図書館と連携して、本の貸し借りができるシステムを具体化したいとのことです。さらに、これはまだ構想段階ですが、将来的には、ハンガリー・オーストリア・スロバキア地域の中心となるような平和ライブラリーをめざしています。

※シュライニング村長へのインタビュー

シュライニング村にオーストリア平和センターができて二〇〇二年で二〇年になります。その間、この村にどのような影響を与えてきたかを、シュライニング村長のアルフレッド・ロア氏に聞きました。村長になって一〇年目を迎えたロア氏はコンサートや講演会など村でのさまざまなイベントに顔を出し、昼間は地元の小、中学校で数学と地理の授業をし、夜は村のみんなのたまり場である「マイクパブ」で地元の人々と交流をしています。

――オーストリア平和センターや欧州平和大学ができたことで、シュライニング村は変わりましたか？　どのような影響がありましたか？

「この二〇年間で村は大きく変わりました。オーストリア平和センターがシュライニング村にプラスの影響を与えました。冷戦時代は、ハンガリーとの国境は閉じられ、国境に近いこの小さい村には何も無く、お城やユダヤ教のシナゴーグも荒廃したまま、若い人は都会へ去っていってしまって

シュライニング村のアルフレッド・ロア村長

いました。平和センターができてからは、人口二〇〇〇人のシュライニング村に、多くの人が世界各国からひんぱんに訪れることで、村が国際色豊かになりました。欧州平和大学の学生はもとより、国際会議の参加者などもシュライニングを訪れるようになりました。コソボやアフリカなど、紛争国から来ている人たちが、このシュライニング村で平和について学び、自分の国に持ち帰って生かすことができています。それに貢献していることは大きな喜びです」

――シュライニング村とオーストリア平和センターは、協同しているのですか？

「いっしょに仕事をしている部分はあります。オーストリア平和センターの組

シュライニング村のブラスバンド。年に数回、村で演奏、行進する。

織をつくる段階で、いっしょに考えて行動しました。毎年、欧州平和大学の学生への奨学金の一部を負担するなど、経済的な援助もしています」

——村の人々と欧州平和大学の学生との関係は良いと思いますか？

「シュライニング村との関係はとても良いです。地元の子どもたちとのサッカーの練習試合、地元学校の英語の授業での国の紹介、地元のブラスバンドでの演奏、地元の家族の夕食会招待プログラム、国際交流の夕べへの参加など、幅広く交流をしています。

現在はとてもいい状況ですが、これまでの二〇年間にはいろんなことがありました。この地域はハンガリーとの国境に近いのですが、一九九〇年のはじめにハンガリーからの移民を食い止めるために、突然、オーストリア政府が国境に軍隊を置いたことがありました。その時代は、村でもアフリカや貧しい国からの学生は、冷たい目で見られる傾向がありました。

現在ではそのようなことはありません。多くの学生はドイツ語でのコミュニケーションができませんが、シュライニング村のレストランや食料品店では村人が買い物の手助けをするなど親切にしているようです。小さな村は、保守的なところが残っていることが多いですが、シュライニング村は良いモデルになると思います」

※村の学校と平和教育

オーストリアの教育制度は、日本とだいぶ違います。六歳から一〇歳までの四年間は小学校で、読み、書き、計算の基礎とともに、社会、宗教、スポーツ、音楽を学びます。オーストリアにも通知表があります。五段階に分かれていて、一がとてもよいで、五が落第です。落第科目が一つでもあると、もう一年再履修しなくてはいけません。

小学校を卒業する時点で子どもたちは進路を決めなくてはいけません。というのは、主に大学進学をめざすギムナジウム（中・高等学校）へ進学するか、職業学校をめざすハウプトシューレ（中学校）へ進学するかを選ばなくてはいけないからです。一〇歳で進学するギムナジウムは八年制です。ギムナジウムを卒業する時に、大学入学資格の国家資格マトゥーラを受けます。

職業学校をめざす子どもたちは、五年制のハウプトシューレへ進学します。最後の学年は職業教

ハウプトシューレ（中学校）の14歳のクラスで日本について話をする筆者

育課程にあてられており、希望する職業に対応した実習を行います。ハウプトシューレを卒業すると、見習いとして三年間給料をもらいながら学校に通うか、職業高等学校へ進学します。

このように、将来の人材育成のために実務的なカリキュラムが組まれているのですが、子どもには、早い時点での人生の選択が迫られることになります。

大学進学は、日本ほどストレスが多くありません。ギムナジウム終了後、マトゥーラを取れば、自分の行きたい大学の行きたい学部へ入学できますし、大学には入学定員がありません。ただし、大学を卒業するのは難しく、五〜六年かけてマギスター（オーストリアの称号、この上は博士課程なので、日本でいう修士課程までをカバーしていることになる）を取ります。

最終学年の学生は、卒業論文を書くために図書館や研究室にこもりきりになります。国立図書館で会ったウィーン大学の学生たちも、「今年卒業できるかどうか分からないけれど、一刻も早くこの卒業論文を仕上げたい！」と言っていたのを見ると、大学の勉強もなかなか大変のようです。大学に行かずに、職業高等学校へ行って専門職につくことで、いい給料を若いときからもらっている人もいるのですから、大学は勉強したい人が行く、というのが基本のスタイルです。

大学入学資格のマトゥーラは、数学、ドイツ語、その他の言語（英語、フランス語、ラテン語などから一つ選択）の三教科の筆記試験と、四科目の選択科目の口述試験です。日本のように、全国一斉のセンター試験のようなものではなく、各ギムナジウムの各教師が、自分の担当している生徒たちに問題を出題し、採点します。口述試験で出題されるテーマは、半年前に発表されるので、生徒はあらかじめ準備することができます。限られた時間にどれだけ問題に答えられるか、という日本スタイルと違って、生徒がどれだけ学習内容を理解しているかに重点を置いているところがポイントと言えます。

このような姿勢は、授業のカリキュラムにも表れています。テーマを決めて個人やグループで取り組むプロジェクト授業が、取り入れられています。シュライニング村の学校が、欧州平和大学との交流を授業の一環として位置づけているのも、オーストリア全体の教育方針と関わっています。

さて、シュライニング村のハウプトシューレ（一三～一四歳のクラス）で、オーストリアの学校と日本の学校の違いについて議論をしたことがありました。日本の学校に対する印象を聞くと、「オーストリアの子どもよりも、たくさん勉強しているイメージがある」との答えが返ってきました。それは事実かもしれない、とそのとき感じたことを覚えています。訪問の約束を前日にとりつけていたとはいえ、数学の時間を一時間まるまる使い、先生は平気な顔をしているのですから。来週の木曜日の一時間目は、これも授業の時間を利用して欧州平和大学の学生とのサッカーゲームをするとも言っていました。

生徒の自由度も日本の学校に比べて大きいようです。オーストリアの法律で、一クラスは三一人までと決まっています。シュライニングの学校は近辺の村からも生徒は集まってきていますが、それでも子どもの数が少ないため生徒数は一クラス平均一五人です。机の配置も、真ん中に机を寄せ集め、全員が内側を向いて座れるようになっていました。制服もありませんし、髪の毛を一部赤く染めている生徒もいます。原則的にはオーストリアでも髪の毛を染めることは禁止されていますが、先生に聞くと「これは個人の表現だから別にとやかく言うものではない」と容認していました。靴下の色や長さまで細かく決められ、毎月「持ち物チェック」があった日本の中学校とは、大きな違いがあります。オーストリアでは、生徒の自主性を尊重している印象を受けました。

平和ミュージアムは、地元の子どもたちにどんな影響を与えているのでしょうか。平和ミュージアムへ行ったとき、何が一番印象に残ったのかを子どもたちに聞いてみました。

「コンピューターでの暴力のシミュレーションゲームのところが面白かった」
「戦争について理解が深まった」
「ヒロシマの原爆写真が印象深かった」
「地雷のコーナー（対人地雷の実物が置いてある）」
「門のところのパネル（動物の漫画で、戦争と環境問題を漫画で訴えているパネル）」

こうした感想から、平和ミュージアムの特徴が見えてきます。一つは、写真やコンピューターを使って、視覚的に訴えることが子どもたちの印象に残っているということ。もう一つは、地雷の実物を展示といっしょに行うことによって、これも子どもたちの印象に深く残っているということです。これらを通して全体的に、戦争・暴力・平和に対しての理解を深めることができているようです。

※欧州平和大学の学生との国際交流を通じて

村のハウプトシューレには、英語が話せる先生が何人かいます。ヤニス先生は、子どもたちをよく欧州平和大学の寮に連れてきては、英語でインタビューをさせていました。逆に学校の授業に欧州平和大学の学生を招いて、話をしてもらうこともあります。これまでに、アジア、アフリカ、ヨーロッパ、アメリカなど多くの学生がクラスに呼ばれて、自分の国の紹介をしました。

子どもたちに、どの国のことが一番印象に残っているかを聞いてみました。答えは、アメリカ、アジア、日本（文化に興味がある）、コソボ（戦争と平和について話を直接聞けたから）、ロシア（法律と人々についてウクライナ人の弁護士から話を聞いた）、メキシコ（食べ物に興味がある）、カメルーン（サッカーが強いから）、イギリス（歴史や歴史的な建物に興味がある）、エチオピア（異なる言葉が面白い）、カナダ（アイスホッケーに興味がある）、ナイジェリア（文化に興味がある）、アフリカ（生活水準が低いが、その向上に努力していることを聞いたから）と、実にさまざまな国名が出てきました。

どうしてその国に興味を持ったのか、の理由が実にユニークです。食べ物から法律までさまざま。これは、話をした欧州平和大学の個々の学生を通して、その国の一面をのぞくことができたからではないでしょうか。世界各国から集まっている学生と接触することで、テレビなどで見る漠然とした「アジア」「アフリカ」といったイメージしかなかったものが、断片的ではあるけれど、一つの新しいイメージを持つことができたと言えます。

さらに、近年ニュースでとりあげられていた、コソボの名前もあがっていました。ニュースで聞くコソボでの戦争のイメージが、実際に学生から話を生で聞くことによってより実感をともなって理解することができます。何人が死んだ、どこが爆撃されたというニュースも、日常化すれば、聞き流されてしまうかもしれません。しかし、実際にコソボ出身の学生の口から「地上軍を送ってくれると思っていたのに、まさか爆弾が町に降ってくるなんて誰も考えていなかった。ＮＡＴＯ軍は、住民のことを何も考えていない」といったことを聞くと、ニュース・学校の勉強・生の声の三つが一つの鮮明な像を結び、事態をより深く理解することができます。まさに生きた国際理解教育の実践と言えるでしょう。

欧州平和大学の学生との交流は、もう一つのメリットがあります。学生は英語で話します。情報を得るためには英語が分からなければならないし、質問をしたければ英語を話さなくてはなりません。ヤニス先生も、「英語が話せれば、いろんな国の人と話すことができるということを、肌で感じてほしい」と言っていました。積極的に英語を使ってコミュニケーションできる生徒、うまくできない生徒、さまざまです。今できなくても、経験を通じて感じたことが、あとからのやる気になれば、それでいい、とヤニス先生は見ています。

ヤニス先生の唯一の悩みは、他の先生たちが恥ずかしがってなかなか欧州平和大学の学生との交流に積極的でないことです。他の地域の学校と比べて、シュライニング村の学校の子どもは国際交流の機会に恵まれているのですから、チャンスを生かさないのはもったいないことです。

二一世紀初頭の今、歴史を振り返り、第二次世界大戦の責任問題を解決することは重要な課題です。これは私たちの過去、現在、将来にかかわる基本的な問題だからです。しかし、過去について議論することは暗いことだという消極的なイメージが、世間一般にはあります。マスメディアは、時代への逆行だといい、人々がこの問題を考えなくてもいいという言い訳を与えてしまっています。

しかし、過去を振り返ることは、前向きな未来を作るために重要で避けがたいことなのです。

オーストリアと日本は、この問題に誠意を持って取り組むうえで、多くの共通の課題を抱えています。過去についてオープンに議論することで、歴史修正主義者や右派のポピュリストたちの影響を弱めることもできます。また、私たちが過去の問題に取り組みつづけることでしか、ヨーロッパやアジアの地域での信頼を得ることはできないのです。

※ウィーンの仏舎利塔（フリーデンス・パゴダ）

ウィーン北駅から市電21で終点プラタカイまで行き、ドナウ川沿いに一五分あるくと、仏舎利塔の建物が見えます。

お釈迦様の誕生日である四月八日に、ドナウ川沿いにあるこの仏舎利塔を訪ねました。仏舎利塔には現在、日本人のお坊さんが一人で暮らしています。宗教を通じてオーストリアの人々との交流をしているこのお坊さんにお話を聞くことができました。

オーストリアはもちろんキリスト教徒が多い国です。以前は毎週日曜日は家族で教会のミサへ行くというのがしきたりでした。現在でも田舎では信心深い人々がほとんどです。しかし、都会の人々の間では宗教離れがすすみ、それに伴って心の空洞化の問題も浮上しています。

これまでキリスト教を心のよりどころにしていたオーストリア人ですが、信仰を失って何を頼り

ウィーンの仏舎利塔（フリーデンス・パゴダ）

にすればいいのか分からなくなっている、という状況を多く見てきた、とお坊さんは話してくれました。離婚率が五〇％というウィーンでは、家庭内の問題も多いようです。また、不安定な世界情勢に対しての苛立ちや不安をぶつける場がない、という問題もあります。

このような状況の中で、仏教という宗教に救いを求めて、または興味を持って、仏舎利塔を訪れるオーストリア人の数は少なくありません。オーストリア人だけではなく、日本人やネパール人などもよく訪ねては交流をしています。オーストリアには、この仏舎利塔の他にも仏教の施設はありますが、お釈迦様のお骨が祭ってある仏舎利塔があるのは、ここだけです。

この仏舎利塔ができたのは一九八三年のこ

８月６日、シュテファン寺院の前で原爆被害の写真を展示するパゴダのお坊さん

とです。日本から来た数人のお坊さんと現地の人々で汗を流して作りました。その後、お坊さん一人が残り、六年間は「掘っ建て小屋」のような所で、電気も水道もない暮らしをしていました。ウィーンの冬はマイナス二〇度まで冷え込むこともあります。水も毎日汲みに行かなくてはなりません。さぞかしきびしい生活をされていたことと思います。

その後、お布施をもとに、現在ある住居と本堂を、仏舎利塔の隣に、また汗を流して自分たちの手で作りました。お坊さんは、電気や水は特に必要ないと言っていたのですが、何人かのオーストリア人が申し出てくれて、電気は中古の部品を使ってただで配線工事をしてもらえることになりました。下水は「公衆トイレ」ということにして市に交渉し、無料で工事をしても

カールス教会の前での灯籠流し

らうことになりました。暖房は薪ストーブです。薪ストーブは実はとても暖かいのです。このような経緯があったため、訪ねてくるオーストリア人は、このお坊さんと仏舎利塔を信頼してくれるといいます。

※八月六日・九日のドナウ川での灯籠流し

広島、長崎に原子爆弾が落とされた八月六日と九日、ここウィーンでもお坊さんを中心に灯籠流しを行っています。日本人として、これだけは忘れてはいけないという思いから、一人ではじめた灯籠流しですが、現在では毎年五〇人以上の人々が集まって共に追悼する大切な行事となりました。

八月六日はウィーンの中心にあるシュテファン寺院の前で原爆被害の写真展を行い、ウィーンの日本人の間で「ウィーンの銀座」と呼ばれているケルントナー通りを灯籠を持ってパレードします。そしてカールス教会まで来ると、思い思いに手にした灯籠を教会前の人工池に浮かべます。

八月九日は、夕方になると、おもむろに人々がドナウ川沿いのパゴダに集まってきます。日本人は二、三人とまばら、多くがオーストリア人やウィーンに在住している外国人などです。

仏舎利塔の前に用意されたお供え物の前でお坊さんが太鼓をたたきながらお経を唱えます。そして、長崎の被爆者の方からのファックスをドイツ語に訳したものが人々の前で朗読されました。以前、被爆者の方がこの灯籠流しに参加するためにウィーンまで来た年もあります。

仏教の「人を殺してはいけない」という教えに通じるところがあるのか、ウィーンの平和団体ともつながりがあります。八月九日の灯籠流しは、ウィーンの平和団体の人々の間でも大切な行事として位置づけられています。この行事の中でも、何人かの平和活動家の方が演説をしました。内容は、この一年を振り返っての世界情勢、二〇〇三年は主にイラク戦争のテーマが取りあげられていました。

最後に、ボランティアの方が用意してくださった食べものや飲み物をみんなで食べながら、わいわいがやがやと交流を深めます。この日は夜遅くまでドナウ川沿いのパゴタはにぎわっていました。

IV

ウィーンのオペラとカフェ

19世紀〜20世紀の初め、文学者たちが集まったカフェ・グリーンシュタイドル

※超一流の芸術を気軽に楽しめる街

ウィーンの旧市街をぐるりと一周するリンクと呼ばれている環状道路の南の端に、堂々とそびえたっているのがウィーン国立歌劇場（通称ウィーン国立オペラ座）です。昼の姿もなかなかですが、夜ライトアップされるとさらに荘厳な印象を与えます。ウィーンには、正統派のオペラを中心に上演するこのウィーン国立歌劇場と、オペレッタやモダンなオペラなども上演するウィーン・フォルクスオーパー（国民歌劇場）があります。フォルクスオーパーについては、あとで述べるとして、はじめにウィーン国立歌劇場と音楽の都とよばれるウィーンの関わりについて触れたいと思います。

ウィーン国立歌劇場のチケットをとるのはそれほど難しくありません。大晦日の「こうもり」や、よほど人気の高いものでない限り、チケット売り場へ二〜三週間前に行けば、希望の席を取ることができます。さすがに当日になると売り切れていることが多いのですが、売れ残りのチケットの発売や立ち見席の発売もあるので、時間と労力をかければたいていの場合、見ることができます。

音楽学生でもなく、日本ではオペラには全く興味のなかった私ですが、ウィーン国立歌劇場でビゼーの「カルメン」を初めて見て以来、オペラの魅力にとりつかれました。一流のオーケストラによる演奏、一流の歌手による歌とお芝居、舞台セットや衣装の豪華さ、そしてお客さんとの一体感。こんな贅沢な体験が、約五〇〇円（一階の立見席、舞台との距離も近い。手すりや英・独の字幕掲示板も立見席にはきちんとついています）で楽しめるとあっては、通いつめるのもお分かりいただけると思います。

※音楽の都は一日にしてならず

ウィーンが音楽の都といわれるのには、それなりの歴史があるからです。ウィーンでは、古くはハプスブルク家の王室の人々が、オペラやバレエに出演していたこともありました。女帝マリア・テレジアも、作曲と歌の教育を受けていました。こうした音楽環境で育った女帝マリア・テレジアは、一七四〇年以降ウィーンの劇場改革をすすめました。宮廷の人々のためだけに上演していた劇場を一般市民にも開放したのです。現在のウィーン国立歌劇場からそれほど遠くないところにあった、ケルントナートーア劇場では、宮廷のために上演したのち、入場料をとって一般市民もオペラを楽しめるようになりました。モーツァルトが故郷ザルツブルクを飛び出して、ウィーンに移ったのはそれから約四〇年後のことです。

一七八〇年以降、映画「アマデウス」にも出てくるアントニオ・サリエリはケルントナートーア劇場の芸術監督になっていたため、モーツァルトはウィーンの音楽界を牛耳ってきたサリエリと争わなくてはなりませんでした。さまざまな音楽史とともに歩んできたケルントナートーア劇場は、それから約一世紀後の一八七〇年に閉鎖されます。

代わって誕生したのが、現在あるウィーン国立歌劇場です。一八六九年五月二五日に、モーツァルトのオペラ「ドン・ジョバンニ」でこけらおとしが行われました。当時、この建物を見たフランツ・ヨーゼフ皇帝は、そのデザインが「まるで地面に埋没しているようだ」ともらし、それを聞いた建築家はショックのあまり自殺してしまったという話があります。

皇帝が本当にそう言ったのかは定かではありませんが、ウィーンっ子から建築の失敗作と非難されたことは事実でした。「地面に埋没」という表現は、はじめはよく理解できなかったのですが、正面から見ると確かに、二階部分に比べて一階部分の高さが低く、いささかアンバランスに見えました。それから一〇〇年以上もたった今、この建築物がこれほど愛されていることを誰が想像できたでしょうか。

一九四五年三月、第二次世界大戦の末期、ウィーン旧市街はアメリカ軍の爆撃によって壊滅的な打撃を受けました。多くの建物が全壊ないし半壊しました。ウィーン国立歌劇場も爆撃によって被害を受けました。その姿は見るも無残で、音楽家や音楽を愛するウィーンの人々はとても悲しみました。ところが、不幸中の幸いで、客席と舞台の部分は全壊したのですが、ロビーの中央階段、フレスコが施された二階の廊下は焼失を免れていました。

ウィーン国立歌劇場を訪れる人はみな、入り口ロビーから二階へ上がる中央階段や、二階の廊下に施された豪華な装飾に目を奪われます。しかし、客席ホールのつくりがそれに比べて質素なこと

ウィーン国立歌劇場。１階部分は確かに２階部分に比べて低く、「地面に埋没」しているように見える。

に疑問を感じるかもしれません。爆撃の被害を受ける前は、客席ホールも同様に贅沢な装飾が施されていたのですが、戦後の改築工事の際に簡素化され、以前よりも機能的なつくりに改められたのでした。

戦後、このウィーン国立歌劇場では、超一流の指揮者、音楽家が活躍することになります。中でも最も有名なのが、ヘルベルト・フォン・カラヤンでしょう。カラヤンは、第二次世界大戦直前の一九三七年六月一日、客演として初めてこのウィーン国立歌劇場で指揮をしています。戦後、一時期ナチスとの関わりの過去を問われ、活動停止を余儀なくされましたが、一九五六年にはウィーン国立歌劇場芸術監督のポストについてきました。

カラヤンは、一シーズンに四〇回以上も登場し、世界中の第一級の芸術家たちと自由に契約し、原語でオペラを上演することを徹底しました。カラヤンによってウィーン国立歌劇場のレベルは上がり、そのイメージが決定的に創りあげられました。

二〇〇二年、小沢征爾氏がウィーン国立歌劇場音楽監督に就任しました。オーストリアでは、クラシック音楽界の動向は、テレビのニュースでもよく取り上げられます。小沢征爾氏がこの年のニューイヤー・コンサートの指揮者に選ばれて成功を収めたこと、七一年ぶりの演奏となった話題作「ジョニーは演奏する」の指揮をつとめたことなどはトップニュース扱いで報道されました。

※オペレッタの魅力

毎年、大晦日の公演はオペレッタ「こうもり」と決まっています。ウィーン国立歌劇場とフォルクスオーパーの両方で上演されます。この日のウィーン国立歌劇場のチケットは、一一月下旬の日曜日の朝九時に、オペラ座の隣のブロックにある国立劇場合同のチケット売り場で発売されます。一人二枚の限定発売です。

朝七時前に行ったことがありますが、すでに一〇〇人近くの人が並んで待っていました。驚いたのは、寒い冬の朝だというのに、かなりのお年寄りの方が列に並んでいたことです。

この日のチケットは、同じ席でも通常料金の二倍近くします。順番が来て、手に入れることができたチケットは、かなり高額のものでした。総座席数一七〇九もあるのに、中ランクのチケットがもう売り切れており、高額なチケットか、舞台が見えず音楽しか聞けない一番下のカテゴリーのチケットしかなかったのは、会員枠で手に入れることができる人がいるからだと思われます。「こうもり」は、大晦日以外にも上演されていますが、なぜこの日だけ特別なのでしょうか。それは、オペレッタの持つ魅力と関係があると思われます。

オペレッタは、とにかく楽しいのです。誰でも楽しめるストーリー、思わず吹き出してしまうオチ、華やかな踊りなど、正統派オペラに比べて気楽さと面白さがあります。とぼけたセリフを言った後の「間」や、どっと笑いが起こる客席とのやりとりは、まさにお茶の間テレビを連想させます。ウィーンの場合は、さらにウィーン方言でのオペレッタも多く、ウィーンっ子と舞台との間に、方言が分かるものだけの一種の連帯感も生まれています。

大晦日の夜に、楽しいオペレッタを見て年の最後を飾りたいという人々の気持ちはよく分かります。「この一年、いいこともあったし、大変なこともあった。でも、終わりよければ、すべて良し、ぱーっと楽しんで終わろうじゃないか」といったウィーンの人々の気分が伝わってきます。ヨーロッパでは、クリスマスは家族とともに家にこもって過ごすため、街は死んだように静かになります。しかし、逆に新年は、友達とともに外で花火をあげたり、お酒を飲んで騒いだり、と賑やかに過ごします。大晦日のオペレッタは、そのプロローグなのかも知れません。

ウィーン・オペラの黄金時代を築いたワルツ王ヨハン・シュトラウスは「こうもり」を作曲しました。気晴らしへの願望、いつもと違う自分を演じてみたい、という変身願望をコミカルに演出しており、笑いを誘います。舞台はオーストリアの保養地。ウィーンの銀行家アイゼンシュタインも妻ロザリンデもそれぞれ理由を作って、それとは知らず同じ夜会に出かけてしまいます。妻はハンガリーの伯爵夫人に扮し、マスクをつけているため、アイゼンシュタインには分かりません。アイゼンシュタインは、妻とも知らず大喜びで誘惑しはじめます。誘惑されているロザリンデは、内心、カンカンになるものの、「証拠が大切」とばかり、うまくあしらって、証拠に鈴つきの時計を取り上げます。次の日、アイゼンシュタインは、自分が夜会に出ている間に、妻が屋敷に男を引き入れたと考え、ロザリンデを問い詰めようとしますが、妻に時計を見せられ、あわてて許しを乞う羽目になります。ロザリンデも、「全てはシャンパンの泡のいたずら」と受け答え、集まった人々はシャンパンを称え、歌って幕が下ります。

「こうもり」と並んで、シュトラウスの三大オペラのひとつである「ウィーン気質」も、ウィーンらしい男女の恋愛ゲームが描かれています。この「ウィーン気質」がウィーンっ子のみならず、世界の人々に現在も愛されている理由を寺崎裕則氏はこう述べています。

「いつに変わらぬ男と女の愛、恋はゲーム、愛はプレーといいながら、錯覚が、取り違えが、おかしくかなしく男女の糸をもつれさせこんがらがらせ、そのもつれた糸の間から、ふと真実の愛が切なく浮かびあがるという大人の男女の機微、男心、女心が心憎いばかりに描かれているからである。男女の愛は国により表現は違っても、その本質は変わらないからである」（寺崎裕則『魅惑のウィンナ・オペレッタ』、二〇〇二年）。

ウィーンが音楽の都と称されるのは、オペラ、オペレッタ、大小のコンサート、舞踏会と幅広い層に開かれた、奥行きのある音楽を提供しつづけているからではないでしょうか。

※ナチス統制下のウィーン音楽界

音楽が人々に与える影響は計り知れないものがあります。ナチスは、特に音楽の影響力が強いと見られたオーストリアでは、当然のように音楽に規制をかけました。音楽は、政治の道具として利用されました。エリック・リーヴィーの『第三帝国の音楽』によると、まず、ユダヤ的音楽と敵国の音楽の出版・演奏を禁止する命令が数多く出されたといいます。

「敵国」というのも、時勢によって変化しました。一九三九年に独ソ不可侵条約が締結された際には、それまでナチスがとってきたソビエト音楽の演奏禁止措置が解かれましたが、一九四一年にドイツがソ連に侵攻すると再びソビエト音楽は禁止されました。フランス音楽は、開戦当初、ビゼーのカルメン以外は、すべて禁止されていましたが、フランス占領後の一九四三年にナチスはこの命令を撤回し、フランスを同盟国に仕立ててイギリス・アメリカ両国との共闘に持ち込もうとしました。

逆に、人々への影響力が強い音楽の領域で、長い歴史的伝統をもつ反ユダヤ主義を、ナチスが利用した面もあります。例えば、リヒャルト・ワーグナーは、「音楽におけるユダヤ主義」（一八五〇年）で、ナチス的感情の原型をすでにあらわしています。ワーグナーの弟子たちは、当然その影響を受けました。

オーストリアの音楽界でのナチス化は、ナチスの一方的な押しつけだけで達成されたものではありません。オーストリアの一部の音楽家は、ナチスへの連帯を表明しました。レオポルド・ライヒヴァインはナチスに傾倒した音楽家で、一九三三年の四月にヒトラーの誕生日を祝う演奏会ですすんでタクトを振っています。その後、ナチスが経営するオーケストラを設立しました。

一方で、ユダヤ人の音楽家はオーストリアでの活躍の道が閉ざされることになりました。歴史を誇るウィーン・フィルをみても、解雇や追放されたユダヤ人団員は一一人。亡命して幸いにもメトロポリタンオペラ劇場で演奏活動を続けられることができたのは六人、この人々は戦後も二度とウィーン・フィルハーモニーへ戻ることはありませんでした。強制収容所へ入れられたのは六人、うち四人はガス室で殺されました。一人はその前に死亡、あとの一人は家から追い出された時に発作でなくなりました。その他、戦死者一名も含め、この時期、ウィーン・フィルハーモニーは二一人の団員を失いました（野村三郎著『ウィーン・フィルハーモニー・その栄光と激動の日々』）

ナチスのハーケンクロイツ旗がはためくウィーン国立歌劇場。1938年４月５日付のウィーンの新聞に掲載。（写真提供：オーストリア近代史研究所）

ウィーン国立歌劇場。1939年６月10日、リヒャルト・シュトラウスの歌劇を上演、アドルフ・ヒトラーも観劇した（写真提供：オーストリア近代史研究所）

この時期、ナチス支配下のオーケストラはすべてランクづけされていました。ベルリン・フィルハーモニーは特等クラスであり、兵役を免れることができました。ウィーン・フィルハーモニーも二年遅れて特等クラスになっています。

ヒトラーは、第一次世界大戦のドイツの敗因が国内の社会主義者による「背後からの一突き（＝革命）」によると分析していたため、労働者層を階級闘争から引き離し、民族共同体意識を植え付けることに力を注ぎました。ナチスは社会からマルクス主義者、ユダヤ人、非ドイツ的と思われる芸術家らを排除する一方で、「パンと娯楽」「喜びを通して力を」といったスローガンの下に余暇の充実をはかり、ことさら豊かさを宣伝したのです。この時の状況をウィーン・フィルの元団員は次のように語っています。

「音楽が宣伝用にあてられるということは、ヒトラー組織の注目すべき特性であった。私たちはそれにのっかったのだ。というのは、私たちが戦争中、後方で宣伝機関としての任務に服していたからこそ、私たちは戦争中に駆り出されなくてすんだのだ」（オットー・シュトラッサー『栄光のウィーン・フィル』）

ウィーン・フィルハーモニーは、戦争が激しくなる中でも定期演奏を続けました。一九四四年のシーズンにおいても、一〇回中八回まで、なんとかこなしました。戦争中、音楽がどれだけウィーンの人々の心を癒し、コンサートが心待ちにされていたかは、当時の団員の手記を見ると伝わってきます。しかし、残念なことに一九四四年の六月三〇日が最後の公演になりました。その数週間後には、総力戦が宣言され、すべての劇場活動が停止されたからです。

ウィーン・フィルハーモニーの団員ヴァルター・バリリは、一九四五年四月、戦争が終わる直前の一〇日間の様子を日記に克明に記しています。団員はコーヒーやスープでお腹を満たし、楽友協会やブルク劇場のかび臭い地下室でじっと耐えなければいけませんでした。四月一二日までの地下室での暗い生活の後、戦争が終わり、四月一九日にはなんとか準備を整えて、戦後初めての舞台に上り、チャイコフスキーの交響曲を練習したとき、「そこにいた何人もが涙を浮かべていた」といいます。バリリは、また次のようにも述べています。

「私の人生の最高の瞬間は、戦争が終わり、ああ、これで音楽ができると思った時でした。すべての暗い抑圧から解放され、私たちが本当の音楽に戻れる瞬間がどんなに素晴らしい解放感に満ちていたことか。それは寒くて暖房もなく、時々停電する会場に詰めかけた聴衆も皆同じ思いだったと思います。私の音楽は、だからいつもこの音楽の人の心を動かすものとともにあるのです」（前掲『ウィーン・フィルハーモニー・その栄光と激動の日々』より）

戦後、ウィーン・フィルハーモニー団員のうち五二人がナチスにかかわっていたことがわかり、連合国軍より解雇するように求められました。しかし、一九三三年以前、つまりオーストリアでナチスが非合法であった時代からナチスの党員だったメンバー五人のみが解雇され、一〇人が早期退職することで、ウィーン・フィルハーモニーの脱ナチ清算は終わりました。それ以上、団員を失うと音楽の水準が保てない、ということが主な原因でした。オーストリア全土での脱ナチ政策は中途半端に終わっていますが、音楽界も例外ではありませんでした。

カラヤン、ベームなどの第一級の指揮者たちもナチスとのかかわりを問われ、演奏活動を一時期停止させられていました。ウィーン・フィルハーモニーは、その音楽的水準を守り、演奏活動を続けるために、時の政権に翻弄されたといえます。ナチス時代はユダヤ人団員を失い、戦後はナチスに深く関わった団員を失ったのですから。

しかし、世界に名だたるオーケストラとして、その音楽的水準を落とさないために必死の努力をしてきました。人々に影響を与えやすい芸術の領域と政治が結びつくのは、いつの時代も好ましいことではありません。自由で創造的な芸術活動が保障されるのは、何にもまして大切なことです。

※ウィーンのカフェハウス

「ウィーンほど、カフェハウスが時代に食い込み、高度に洗練されかつ鮮烈に人間的影響を及ぼした都市は、世界のどこにもない」（小川悟訳）

ヴォルフガング・ユンガーは一九五五年に著した『カフェハウスの文化史』の中でこう述べています。現代でも、カフェハウスはウィーンの人々にとって大切な場所です。友達との待ち合わせもカフェで、大学教授へのインタビューもカフェで、あまり人を自宅に招待しないせいか、気軽に会えるカフェの存在は貴重です。ウィーンのあるカフェで友達とコーヒーを飲んでいたとき、「あそこにいるのは誰かわかる？　緑の党の有名な政治家だよ。このカフェには、緑の党の人たちがよく集まっては議論をしているんだよ」と教えてくれました。

ウィーンにいくつもある、老舗のカフェの雰囲気は抜群です。入り口を開けると、木製の壁や丸テーブル、おしゃべりをする人々、新聞を読む人々、ぱりっと正装をしたボーイが目に入ります。カフェに座れば、一杯のコーヒーで何時間でもねばることができます。置いてある新聞や雑誌を読んでもいいし、手紙や書き物をしてもいいし、最近ではラップトップコンピューターを持ち込んで仕事をしている人も見かけます。

カフェハウスの適度な雑音の中で、手紙を書き、考えごとをし、本を読むのは心地よいものです。あまりにも静かな場所よりも、人々がいて、ある程度のざわめきがある方が、自分の世界に入りやすいからです。少し疲れたら、まわりの人を観察し、コーヒーに口をつけてゆったりすることができるのもカフェハウスの魅力です。コーヒーは、中枢神経に働きかけ、創作活動のさいにほどよい刺激を与えてくれます。これが家だと、冷蔵庫を開けて何か食べたり、掃除をはじめたり、と気が散ってしまうものです。

ウィーンの人々は、カフェがオーストリアの歴史に深く関わり、また自分にとっても大切な場所であることをよく理解しています。そして、そのカフェの伝統をこれからも守りつづけていくための努力を怠っていません。

※ウィーンのカフェハウス誕生の由来

コーヒーは一七世紀の末にトルコから伝わりました。よく聞くウィーンのカフェの誕生話は次のようなものです。大敗したトルコの置き土産という説です。ハプスブルク帝国にトルコ軍が攻め入りました。一六八三年のことです。ハプスブルク帝国は、トルコがウィーンに到達するまでには、まだまだ時間がかかるだろうと楽観視していましたが、トルコ軍の進撃は早く、七月半ばにはウィーンに三〇キロの地点まで迫ってきていました。八月にはウィーン城塞まで到達し、首都ウィーンは陥落の危機に陥りました。

この時、援軍の伝令役として名乗りをあげたのが、トルコとの貿易を行っていたコルツィツキーという男でした。彼は見事に役割を果たし、ドナウ川左岸に駐屯していたドイツとポーランドの援軍六万五千は、二五万のトルコ軍を大敗させました。逃げ帰ったトルコ軍は、たくさんのものを残していきましたが、その中にコーヒーの豆が入った袋が大量に見つかりました。引き取り手のなかったこのコーヒー豆を褒美としてもらったのが、伝令役をはたしたコルツィツキーで、彼はウィーンのドーム通り六番に「青い瓶亭」というカフェ一号店を出したという伝説です。

カフェで出されるクロワッサンが半月形をしているのも、トルコの国旗のデザインである半月マークを歯で噛みちぎり、その喜びを噛みしめることができるから、と言われます。現在もウィーン南駅の北にはコルシツキー通り（つい最近までコルツィツキーはコルシツキーと間違われていた）があり、ファボリテン通りとの交差点にはコーヒーポットを持つ彼の像があります。

しかし、このコルツィツキー伝説は、伝説であって実際の話ではありません。実際に、ウィーンでカフェ一号店を開いたのは、アルメニアの商人ヨハネス・ディオダードだとされています。一七〇〇年には、ウィーンに四人のカフェハウス営業免許を持った人々がいました。彼らは「茶、コーヒー、チョコレート、そしてシャーベットの類を公営の丸天井の作業場で、炒ったりつくったりすることが許可」されていました。一七三〇年にはその数は三〇軒に増え、一八世紀の終わりには八

◯軒となりました。

カフェハウスでは、上等のクロワッサンつきのコーヒー、お茶やチョコレート、アイスクリーム、焼き菓子などを安い値段で注文することができ、そこには次第に人が集まるようになりました。当時、ウィーンの人々が、カフェハウスに行き、コーヒーをすることを非常に楽しみにしていたことがわかる記述があります。「カフェハウスはどこにあるか」という問いに対して――

『「カフェハウスは、ウィーンにある。君にどこで会えるんだい？　カフェハウスで！　辻馬車でお迎えに参りますが、どこへ参りましょうか？　カフェハウス！」

朝であれ、昼であれ、あるいは夜であれ、ウィーンの市民は、コーヒーを飲むこと以上によいことを知らないのだ。女房の小言を聞いていなければならないときでも、彼はコーヒーを飲んでいる。債権者に悩まされたり、退屈さの毒気に当てられると、彼は素早くカフェハウスに入り、メランジュを一杯注文し、パイプに煙草を詰めさせ、雑誌を読んだり、ビリヤードやチェスやドミノを楽しむのだ」（一九世紀前半、アードルフ・グラースブレンナーの旅行記の中で、前出『カフェハウスの文化史』小川悟訳より）

モーツァルトもウィーンのカフェによく姿を現しました。彼がビリヤードに興じ、身近な友人と楽しい時間を過したのは、レフラーノ通りのヨーハン・ラングのカフェハウスでした。

カフェ・グリーンシュタイドルの内部。中央に立つ人物はウェイター。

※政治カフェから文学カフェへ

殿様小路という意味のヘレン通りにあるのは、カフェ・グリーンシュタイドルです。カフェ・グリーンシュタイドルは一八四八年の三月革命、一八六一年の憲法制定にも大きな役割を果たしました。革命当時は、政治に不満をもった人々や、自由主義メンバーが集まり、目と鼻の先にあった「カフェ・ダウム」に集まる保守派と対立する拠点となりました。一八六〇年には、国会でマーガーが、革命以来禁句となっていた「憲法」という言葉を口にしたという情報が、カフェ・グリーンシュタイドルに伝わり、国会帰りのマーガー本人がカフェに姿を現すと、拍手と歓声で迎え入れられました。こうして、憲法制定を求める声は、このカフェからオーストリア中へ広がり、翌一八六一年には新しい憲法が成立しました。

カフェ・グリーンシュタイドルは一九世紀後半には、ウィーン世紀末の文学者たちの根城となっていました。ボヘミアン文士として大きな人気を博していたペーター・アルテンベルクなどは、カフェに住んでいるといっても過言ではありませんでした。ルートヴィヒ・アンツェングルーバーという演劇人も二〇年にわたって、ほぼ毎日このカフェ・グリーンシュタイドルに通いつづけたと言いますから、すごいものです。カフェでは、それぞれのテーブルごとにグループがあり、気心の知れた人々がたむろしていました。

こうしたカフェハウスに出入りする人々の多くは金銭的にも恵まれている裕福な人々でしたが、わずかな資金しか持っていないにもかかわらず、カフェ・デビューをする人々もいました。彼らは、成功しているイメージを与えるため、借金をしてでも高価な洋服を手に入れてカフェに通いました。その実、安くてみすぼらしい下宿に住み、つつましい生活を送りながら。カフェでは、常連のお客様としてボーイには丁寧に扱われ、新聞や雑誌を読みたいだけ読み、いっぱしの批評家の口ぶりで仲間と議論を闘わせることができます。彼らにとって、カフェハウスはなくてはならないものでした。

一八九七年に、五〇年近く開いていたカフェ・グリーンシュタイドルは閉店します。その時の悲しみようといったら大変なものでした。常連客の一人であったカール・クラウスは「取り壊された文学」の中で次のように述べています。

「ウィーンは今や大都市に破壊される。古い家とともにわれわれの思い出の最後の支えが倒れ、そしてじきに名誉あるカフェ・グリーンシュタイドルも、無遠慮なシャベルによって完全に破壊されてしまうだろう。結果がどうなってしまうか想像できないお上の決定。われわれの文学は宿なしの時代を待ち受ける」（ローゼ・マリー、ゾンマー＝バンメル著、青木真美訳『カフェの光景』より）

それから、ほぼ一世紀後の一九九〇年、ミヒャエル広場の角にカフェ・グリーンシュタイドルは復活しました。

ヘレン通りにあるカフェ・ツェントラール

※トロツキーも常連だったカフェ

多くの知識階層におしまれながら閉店したカフェ・グリーンシュタイドルの後を継いだのは、一八六八年から開業していたカフェ・ツェントラールです。この二つのカフェの間はわずか二〇〇メートルしか離れていません。ウィーンのカフェの歴史は不思議で、一つのカフェの歴史が閉じると、それを待っていたかのように新しいカフェが生まれ、大切に育てられていきました。現在も、カフェ・ツェントラールは同じ場所で営業しています。天井が高く、洞窟か教会のような内部は、老舗のカフェの威容を示しています。カフェ・グリーンシュタイドルの主であった文人、芸術家、ジャーナリストたちはこぞって、カフェ・ツェントラールへ通うようになりました。

最盛期の一九一三年には、二二カ国語による二五一紙もの新聞が常時置いてありました。ハプスブルク帝国領内の新聞（オーストリア、ハンガリー、チェコ、クロアチア、ウクライナなど）に加えて、ドイツ、スイス、オランダ、デンマーク、スウェーデン、ノルウェー、ベルギー、スペイン、セルビア、ブルガリア、ルーマニア、イタリア、フランス、ロシア、イギリス、アメリカの新聞までありました。専門雑誌と百科事典も備え、検問をすりぬけてくるニュースなども含め、カフェにくれば世界の情報はすべて手に入りました。

ロシア革命の主役の一人、トロツキー（一八七九―一九四〇）も、ウィーン亡命中、ブロンシテインという本名でカフェ・ツェントラールにあらわれ、もっぱらチェスに興じていたといわれます。彼は、ここで第二次世界大戦後に首相になるカール・レンナー（一八七〇―一九五〇）とも知り合っています。トロツキーは一九〇七年から一九一四年までウィーンに滞在し、「ロシア革命の理論を準備していた」といいます。一九一七年にロシア革命が起こったとき、「なに、あのカフェ・ツェントラールの男が革命を起こしたって？」と騒がれたという話もあります。

オペラ座とセセッツィオンの間にあるカフェ・ムゼウム（2004年に改装されたが、この写真は改装前のもの）

※世紀末芸術家のたまり場だったカフェ

一八九九年に開業し、現在も営業しているカフェ・ムゼウムも著名なウィーン人たちのたまり場でした。カフェ・ムゼウムは私がウィーン滞在中にお世話になった部屋から近かったこともあり、友達との待ち合わせ、休日のモーニングセットなど、いろんな場面でお世話になりました。私がウィーンで一番初めに入ったカフェも、このカフェ・ムゼウムです。

ウィーン世紀末と言われた一九世紀の終わりから二〇世紀のはじめにかけて、このカフェ・ムゼウムに出入りした著名人には、建築家、美術家、音楽家が数多くいました。郵便貯金局やカールスプラッツ駅を設計したオットー・ワーグナー、ベルベデーレ宮殿に多くの作品がある画家のグスタフ・クリムト（一八六二―一九一八）、チェコ生まれで個性的な画家エゴン・シーレ（一八九〇―一九一八）、オペレッタ「メリー・ウィドウ」を作曲したフランツ・レハール（一七八〇―一九四八）などもこのカフェ・ムゼウムを愛用しました。伝奇小説家のヨーゼフ・アウグスト・ルックス（一八七一―一九四七）は、「ここにいると世界の中心にいる気がし、内的に得るものは測り知れなかった」（菊森英夫『文学カフェ』より）と回想しています。

ホテル「インペリアル」にあるカフェ・インペリアールは、ウィーンの音楽家たちが常連で、ウィーン・フィルの指揮者だったグスタフ・マーラー（一八六〇―一九一一）もその一人でした。「マーラーが入ってくると、室内は異常な輝きをおびた。（中略）オペラの始まる前の夕方のこともあれば、終演後夜遅くのこともあった。緊張から休息をとるために彼はこのカフェに入り、友人たちと自分の芸術的プランについて語り、議論し、自己の考えを作り上げるのであった」といわれています（前出『文学カフェ』より）。

ヨハネス・ブラームス（一八三三―一八九七）もここには足繁く通ったといわれています。

※今も文学カフェの雰囲気を伝えるカフェ

以上に紹介したカフェが、現在では観光客を含め多くの人々にも開かれて、当時とは様相を異にしているのに対し、一九三六年に開業したカフェ・ハヴェルカでは、今でもその雰囲気を味わうことができます。シュテファン寺院からグラーベンへ行き、そこから南に下るドロテーア通り六番地に、ホテルや大きなレストランに挟まって小さなカフェ・ハヴェルカがひっそりと看板をあげています。このカフェが、正統派の文学カフェとして、カフェ・グリーンシュタイドルやカフェ・ツェントラールなどの後継者として認められたのは、狭い店内にもかかわらず、文学カフェとしての精神が生き続けているからです。イェルク・マウテは、こう記しています。

「カフェ・ハヴェルカはつまり芸術家カフェである。ツェントラールや最近廃業したヘレンホーフの正当な後継カフェだ。そうしたカフェとしてハヴェルカはウィーンではすでに格言にもなるような重要なカフェになっている。すなわち『カフェ・ハヴェルカにいる』ということは、まさしくもう、世に認められた芸術家たることを意味するのだ」（平田達治著『ウィーンのカフェ』より）

一九三九年以来、全面的に店を改装する時間がなかったことが、カフェ・ハヴェルカの魅力を保ちつづけています。ビロードのカバー、大理石のテーブル、真ん丸のランプ、ウィーンカフェのシンボルでもあるトーネット社のいす、ビーダーマイヤー風の花模様の入った壁布が、時を越えて「常連客」を待っています。

※ナチスのクーデター失敗に貢献したカフェハウス

平田達治氏の『ウィーンのカフェ』によると、ナチスによるオーストリア政府制圧事件失敗には、あるカフェがからんでいる、とあります。

ドルフス首相の暗殺事件が起きた一九三四年七月二五日、ナチスの首謀者たちは八区にあるカフェを連絡場所にしていました。この計画の首謀者の一人である、ドルフス首相に解任された元閣僚は、このカフェで連絡を待っていました。しかし、給仕は電話連絡が来たとき、店内にいた常連の元閣僚、ご夫人たち、若いカップルの中には、該当するものが見当たらないとして電話を切りました。当時、首謀者たちは仮名を使って連絡を取りあっており、給仕はその仮名の持ち主が、元閣僚だとは考えもしなかったわけです。

ナチスの首謀者たちは、ドルフス首相の暗殺には成功しましたが、議会の制圧には失敗しました。この時、給仕が店内で仮名を叫んで、元閣僚が電話に出ていれば、ナチスによるオーストリア併合は一九三八年まで待つことはなかったかも知れません。

この事件が起きたとき、首謀者側と、それを取り押さえる警察側はともにカフェハウスを拠点にしていました。ある歴史家によると、ナチスの首謀者のうち何人かは、市庁舎近くの「カフェ・アイレス」を、地区警察の所長はフォルクス・シアター裏の「カフェ・ヴェークホウバー」を拠点に使っていたとされています。歴史の一場面にカフェハウスが一役かっているのも、ウィーンらしいところです。

あとがき

一九九七年、今から七年前、学生生活を送っていた札幌で、ポーランドのアウシュヴィッツ強制収容所に関する展示会を開いたことがありました。戦争という極限状況においては、人間の感覚はマヒしてしまうこと、その戦争は現在もなお絶えることなく世界のどこかで行われていること、戦争を正当化する、他民族や自分たちとは違うものへの差別・排除の意識は、私たちの日常生活の中にいくらでもあること――このようなことを気づかせてくれた展示会でした。

以後、平和学に興味を持ち、留学先のオーストリアで、オーストリアとホロコーストの関係について再び知る機会に恵まれました。

欧州平和大学のことは、NHK特集を通じて知りました。平和学について学識のない私でも受け入れてくれ、五〇人たらずの小さな大学センターで、アットホームな雰囲気の中で勉強することができました。

当初は三カ月のコースで学んだら帰る予定でしたが、幸い郷里の三重県国際交流財団から奨学金をいただけることになり、その後一年間（論文執筆を含めると二年間）、マスターコースで学ぶ機会を得ました。寮で寝食をともにした仲間から、さまざまなことを直接学びました。旧ユーゴスラビアの紛争でのNATO軍による介入と劣化ウラン弾問題、パレスチナ・イスラエルの平和教育、フィリピンのミンダナオ島の平和教育などについて提出レポートを書いたのも、彼らとの接点があったからでした。

国元の家族が危険な状態でいることを知り、帰りたい思いに駆られながら、命の危険を感じてスウェーデンの親戚のところへ身を寄せたパレスチナの友人、アラビア語を話し、その後イスラエルでの仕事を得たとメールをくれたスイス人の友人、キリスト教徒とイスラム教徒の紛争が絶えないミンダナオ島で、平和教育を実践する大学の学長に就任したフィリピンの友人……。週末の温泉スパ仲間、ドライブ仲間だった彼らは、今どうしているのだろうとの思いがよく頭をよぎります。

仲間との会話の中で、日本については、経済的に豊かな国というイメージ以外、ほとんど知られていないことも認識しました。国際社会でイニシアティヴをとることができていない日本の姿を痛感しました。一人の日本人として自分自身に何ができるのか、ということと同時に、日本の歴史、国民性、政府の政策、人々の意識について、少しでも理解を広げたいともどかしく思ったこともたびたびでした。

授業の学期が終わり、シュライニング村からウィーンに移り住みました。ウィーンではじめてWG（ヴォーン・ゲマインシャフト、共同生活）を体験しました。約一〇〇平方メートルの住宅に、欧州平和大学で知り合った先生と、その義理の弟と彼の恋人（この二人はオペラの合唱の歌手）という面白い組み合わせでの共同生活がはじまりました。コンサルタントとして、国連や政府のプロジェクトに精力的にかかわっている先生や、オペラの舞台裏や演奏旅行の話などを聞かせてくれる同居人たちとの生活は、たいへん刺激的で楽しいものでした。幸いなことに、修士論文の指導もこの先生にしていただきました。

オーストリアについて、日本との比較を念頭に調べをすすめました。日本からは遠くはなれており、異なる形成過程をたどってきた国であるにもかかわらず、なぜ似たような歴史の一部分を共有しているのだろうか、と驚きと関心を持って知りました。特に第二次世界大戦についての「過去の克服」と人々の意識は、政治体制の続行、被害者への補償問題、歴史教育、政治の右傾化と近隣諸国との関係などさまざまな切り口で見ても、共通点が多いことに気づきました。オーストリアの歴史は、私たち日本人にたくさんのことを気づかせてくれるのではないか、と考えました。

日本に帰国して、高文研の代表である梅田正己さんにこの話をさせていただき、「観光コースでない」シリーズの一冊としてまとめることをすすめられました。

修士論文をベースに、日本語でもう一度原稿を書き、ウィーンでさらに情報を集めて、翻訳、編集、写真撮影などを行いました。私の稚拙な文章をわかりやすく、読みやすく編集していただいた高文研の梅田さん、真鍋かおるさんには大変お世話になりました。

また、さまざまな場面で協力してくれたウィーンにいる友人たち、アドバイスをいただいた名古屋大学の近藤孝弘先生、立教大学の木下紅子先生、心のささえになってくれた日本の友人のみなさま、そして両親に感謝を申し上げたいと思います。

二〇〇四年五月五日

松岡　由季

松岡由季（まつおか・ゆき）
1976年、神奈川県に生まれる。三重県立津高等学校、北海道大学農学部森林科学科卒業。1998年、全国大学生活協同組合連合会学生理事。外資系電機メーカー勤務後、2001年から2年間、欧州平和大学（European University Center for Peace Studies、オーストリア）修士課程で平和学を専攻。2004年より成蹊大学工学部助手を経て、成蹊大学バイオ・医療工学研究室特別研究員。東京工科大学非常勤講師。寄稿:「欧州平和大学で学んだこと」（『世界』03年6月号）、「オーストリアとホロコースト」（日本の戦争責任資料センター『季刊　戦争責任研究』2004年春・夏・秋季号に3回にわたり連載）。『月刊 現代化学』に「韓流化学者との交流記」2006年4月号より連載（10回連載予定）

観光コースでない ウィーン
——美しい都のもう一つの顔

●二〇〇四年 六 月二〇日——第一刷発行
●二〇〇六年 五 月 一 日——第二刷発行

著　者／松岡 由季

発行所／株式会社 高文研
東京都千代田区猿楽町二―一―八
三恵ビル（〒一〇一＝〇〇六四）
電話 03＝3295＝3415
FAX 03＝3295＝3417
振替 00160＝6＝18956
http://www.koubunken.co.jp

組版／Web D（ウェブ・ディー）

印刷・製本／三省堂印刷株式会社

★万一、乱丁・落丁があったときは、送料当方負担でお取りかえいたします。

ISBN4-87498-323-5 C0036

伊藤博文を激怒させた硬骨の外交官　加藤拓川
成澤榮壽著　3,000 円

石碑と銅像で読む近代日本の戦争
歴史教育者協議会編著　1,600 円

幕末から明治期「三井」の基礎を築いた
三野村利左衛門の生涯
永峯光寿著　3,000 円

特攻隊員だった父の遺したもの
親子二代にわたる戦争の記憶の旅
松浦 寛著　2,600 円

明治維新の歴史
「脱封建革命」としての 幕末・維新
梅田正己著　2,400 円

日本ナショナリズムの歴史 Ⅰ
「神国思想」の展開と明治維新
梅田正己著　2,800 円

日本ナショナリズムの歴史 Ⅱ
「神権天皇制」の確立と帝国主義への道
梅田正己著　2,800 円

日本ナショナリズムの歴史 Ⅲ
「神話史観」の全面展開と軍国主義
梅田正己著　2,800 円

日本ナショナリズムの歴史 Ⅳ
国家主義の復活から自民党改憲草案まで
梅田正己著　2,800 円

15 歳が聞いた東京大空襲
女子学院中学生が受け継ぐ戦争体験
早乙女勝元編著　1,200 円

知られざる拓北農兵隊の記録
「歴史の闇」に沈んだ棄民政策
鵜沢希伊子著　1,900 円

最後の証言者たち
戦場体験者・戦争体験者からのメッセージ
澤田 猛著　3,000 円

和解と平和の森
北海道・朱鞠内に朝鮮人強制労働の歴史を刻む
殿平善彦著　2,000 円

火だるまからの生還
磯部海軍大尉の体験と信条
磯部利彦著　1,800 円

最後の特攻隊員
二度目の「遺書」
信太正道著　1,800 円

人間魚雷「回天」
一特攻隊員の肖像
児玉辰春編著　1,500 円

新版 **少女十四歳原爆体験記**
ヒロシマからフクシマへ
橋爪 文著　1,800 円

原爆と人間
21 世紀への被爆の思想
田川時彦著　2,000 円

新装版 **八月二日、天まで焼けた**
母の遺体を焼いた子どもたち
中山伊佐男・奥田史郎著　1,100 円

オーストラリア
日系人強制収容の記録
永田由利子著　1,800 円

ある軍国教師の日記
民衆が戦争を支えた
津田道夫著　2,200 円

生涯編集者
戦争と人間を見すえて
原田奈翁雄著　2,200 円

徐京植　回想と対話
対話から生まれる「新しい普遍性」
早尾貴紀・戸邊秀明ほか編　3,000 円

責任について
日本を問う 20 年の対話
徐京植・高橋哲哉著　2,200 円

日本リベラル派の頽落
徐京植評論集 3
徐京植著　3,000 円

詩の力
徐京植評論集 2
徐京植著　2,400 円

植民地主義の暴力
徐京植評論集 1
徐京植著　3,000 円

子どもの涙
ある在日朝鮮人作家の読書遍歴
徐京植著　2,000 円

奪われた野にも春は来るか
鄭周河 (チョンジュハ) 写真展の記録
徐京植・高橋哲哉編著　2,500 円

横浜事件とは何だったのか
権力犯罪・虚構の解明に挑んだ 24 年
大川隆司ほか著　1,500 円

全記録 横浜事件・再審裁判
横浜事件・再審裁判＝記録・資料
刊行会 編　7,000 円

ドキュメント横浜事件
横浜事件・再審裁判＝記録・資料
刊行会 編　4,700 円

谷間の時代・一つの青春
清冽な魂の記録
小野 貞著　1,200 円

『蟹工船』消された文字
多喜二の創作「意図」と「検閲」のたくらみ
戸田輝夫著　2,500 円

日本人と戦争責任
元戦艦武蔵乗組員の「遺書」を読んで
斎藤貴男・森達也著　1,700 円

だまされることの責任
伊丹万作「戦争責任者の問題」を読む
魚住 昭・佐高 信著　1,500 円

第 2 版　未来をひらく歴史
東アジア 3 国の近現代史 1,600 円
日中韓 3 国共通歴史編纂委員会編

高嶋教科書裁判が問うたもの
13 年の記録　　2,000 円
高嶋教科書訴訟を支援する会編

北の詩人　小熊秀雄と今野大力
ぬきんでた個性を持つ 二人の詩人
金倉義慧著　3,200 円

観光コースでない京都
京都のもう一つの顔
平井美津子・本庄豊著　1,800 円

観光コースでない広島
被害と加害の歴史の現場を歩く
澤野重男ほか著　1,700 円

観光コースでない東京
「江戸」と「明治」と「戦争」と
轡田隆史著　1,400 円

観光コースでないソウル
日韓の歴史が物語る場所
佐藤大介著　1,600 円

韓国人権紀行 私たちには記憶すべきことがある
朴來群著　3,000 円

これだけは知っておきたい 沖縄フェイク（偽）の見破り方
琉球新報社編集局編著　1,500 円

沖縄と国際人権法
自己決定権をめぐる議論への一考察
阿部 藹著　1,900 円

デニー知事 激白！
沖縄・辺野古から考える、私たちの未来
玉城デニー著　1,200 円

魂の政治家 翁長雄志発言録
魂を揺さぶる数々の言葉
琉球新報社編集局編著　1,500 円

沖縄の自己決定権
その歴史的根拠と近未来の展望
琉球新報社編集局編著　1,500 円

沖縄のアイデンティティー
「うちなーんちゅ」とは何者か？
新垣 毅著　1,600 円

沖縄は「不正義」問う
第二の“島ぐるみ闘争”の渦中から
琉球新報論説委員会編著　1,600 円

女性記者が見る基地・沖縄
屈しない沖縄の「心」を見つめて
島 洋子著　1,300 円

普天間を封鎖した4日間
2012 年 9 月 27 日～ 30 日
宮城康博・屋良朝博著　1,100 円

琉球新報が伝える
沖縄の「論理」と「肝心」
琉球新報論説委員会編著　1,200 円

沖縄は基地を拒絶する
沖縄人 33 人のプロテスト
高文研編　1,500 円

これが沖縄の米軍だ
沖縄の米軍を追い続けてきた二人の写真家
石川真生・國吉和夫他著　2,000 円

沖縄 vs. 安倍政権
沖縄はどうすべきか
宮里政玄著　1,500 円

「軍事植民地」沖縄
日本本土との「温度差」の正体
吉田健正著　1,900 円

米軍基地の現場から
普天間、嘉手納、厚木、横須賀、佐世保‥
沖縄タイムス他編著　1,700 円

追跡・沖縄の枯れ葉剤
埋もれた戦争犯罪を掘り起こす
ジョン・ミッチェル著　1,800 円

沖縄の海兵隊はグアムへ行く
米軍のグアム統合計画
吉田健正著　1,200 円

シマが揺れる
沖縄・海辺のムラの物語
浦島悦子・文　石川真生・写真　1,800 円

沖縄の風よ薫れ
「平和ガイド」ひとすじの道
糸数慶子著　1,600 円

小さな大学の大きな挑戦
沖縄大学５０年の軌跡　1,600 円
沖縄大学五〇年史編集委員会編著

ジュゴンに会った日
沖縄 辺野古・大浦の豊かな海から
今泉真也 写真・文　1,500 円

魅せる沖縄
私の沖縄論
浅野 誠著　2,300 円

沖縄戦
基地の島沖縄
歴史といまを伝える

高文研
2025
秋

新版　ひめゆりの少女
十六歳の戦場
宮城喜久子著　1,700 円

沖縄 鉄血勤皇隊
人生の蕾のまま戦場に散った学徒兵
大田昌秀著　2,000 円

決定版 写真記録　沖縄戦
国内唯一の〝戦場〟から〝基地の島〟へ
大田昌秀著　1,700 円

大田昌秀が説く沖縄戦の深層
住民はいかにして戦争に巻き込まれたか
大田昌秀著　1,600 円

改訂版　沖縄戦
民衆の眼でとらえる［戦争］
大城将保著　1,200 円

沖縄戦　ある母の記録
戦争は親も子も夫も奪ってしまった ……
安里要江・大城将保著　1,500 円

「集団自決」を心に刻んで
一沖縄キリスト者の絶望からの精神史
金城重明著　1,800 円

沖縄戦の真実と歪曲
沖縄戦研究者の緊急レポート
大城将保著　1,800 円

新版　母の遺したもの
30年をかけて聞き取った「集団自決」の真実
宮城晴美著　2,000 円

〔写真証言〕沖縄戦「集団自決」を生きる
森住卓著　1,400 円

沖縄戦「集団自決」消せない傷痕
山城博明著　1,600 円

沖縄陸軍病院南風原壕
戦争遺跡文化財指定　全国第１号
吉浜　忍ほか著　1,600 円

兄は沖縄で死んだ
童話作家・心の軌跡
1,600 円　加藤多一著

法廷で裁かれる沖縄戦　【訴状編】
初めて問う日本軍の国家賠償責任
瑞慶山茂編著　5,000 円

法廷で裁かれる沖縄戦　【被害編】
初めて問う日本軍の国家賠償責任
瑞慶山茂編著　5,000 円

法廷で裁かれる
南洋戦・フィリピン戦　【訴状編】
瑞慶山茂編著　5,000 円

法廷で裁かれる
南洋戦・フィリピン戦　【被害編】
瑞慶山茂編著　5,000 円

「沖縄人スパイ説」を砕く
私の沖縄戦研究ノート
大城将保著　1,400 円

奄美・喜界島の沖縄戦
沖縄特攻作戦と米軍捕虜斬首事件
大倉忠夫著　3,000 円